컴선생 여우님이 알려주는

초판 발행일 | 2021년 3월 5일
지은이 | 해람북스 기획팀
펴낸이 | 최용섭
총편집인 | 이준우
기획진행 | 김미경
표지디자인 | 김영리
편집디자인 | 김영리

주소 | 서울시 용산구 한남대로 11길 12, 6층
문의전화 | 02-6337-5419 팩스 02-6337-5429
홈페이지 | http://www.hrbooks.co.kr

발행처 | (주)미래엔에듀파트너 **출판등록번호** | 제2016-000047호

ISBN 979-11-6571-136-8 13000

이 책은 저작권법에 따라 보호받는 저작물이므로 무단전재와 무단복제를 금지하며, 이 책 내용의 전부 또는 일부를
이용하려면 반드시 저작권자와 (주)미래엔에듀파트너의 서면동의를 받아야 합니다.

※ 잘못된 책은 바꾸어 드립니다.
※ 책 가격은 뒷면에 있습니다.

상담을 원하시거나 아이가 컴퓨터 수업에 참석할 수 없는 경우에 아래 연락처로 미리 연락주시기 바랍니다.

★ 컴퓨터 선생님 성함 : _____   ★ 내 자리 번호 : _____

★ 컴퓨터 교실 전화번호 : _____

★ 나의 컴교실 시간표   요일 : _____   시간 : _____

※ 학생들이 컴퓨터실에 올 때는 컴퓨터 교재와 필기도구를 꼭 챙겨서 올 수 있도록 해 주시고, 인형, 딱지, 휴대폰 등은 컴퓨터 시간에 꺼내지 않도록 지도 바랍니다.

시간표 및 출석 확인란입니다. 꼭 확인하셔서 결석이나 지각이 없도록 협조 바랍니다.

_____ 월

월	화	수	목	금

시간표 및 출석 확인란입니다. 꼭 확인하셔서 결석이나 지각이 없도록 협조 바랍니다.

_____ 월

월	화	수	목	금

시간표 및 출석 확인란입니다. 꼭 확인하셔서 결석이나 지각이 없도록 협조 바랍니다.

_____ 월

월	화	수	목	금

나의 타자 단계

이름 : _____

⭐ 오타 수가 5개를 넘지 않는 친구는 선생님께 확인을 받은 후 다음 단계로 넘어가서 연습합니다.

자리 연습	1단계	2단계	3단계	4단계	5단계	6단계	7단계	8단계
보고하기								
안보고하기								

낱말 연습	1단계	2단계	3단계	4단계	5단계	6단계	7단계	8단계
보고하기								
안보고하기								

자리연습	1번 연습	2번 연습	3번 연습	4번 연습	5번 연습	6번 연습	7번 연습	8번 연습
10개 이상								
20개 이상								
30개 이상								

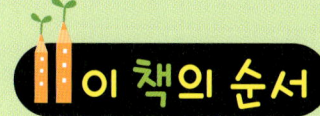# 이 책의 순서

한글 2016

01	여러 글자 입력하기	6
02	글자 모양 예쁘게 꾸미기	11
03	문단 모양 지정하기	16
04	문자표 입력하기	20
05	그림 삽입하기	25
06	그리기마당 개체 삽입하기	30
07	글맵시 개체 삽입하기	36
08	다단과 문단 첫 글자 장식	40
09	글상자 삽입하기	45
10	쪽 테두리와 배경 꾸미기	50
11	도형에 그림 넣고 회전하기	55
12	도형에 그러데이션 지정하기	61
13	표 만들고 계산하기	67
14	셀 속성으로 표 꾸미기	72
15	셀 합치고 나누기	77
16	쪽 번호 설정하고 머리말/꼬리말 달기	82
	솜씨 어때요?	86

01 여러 글자 입력하기

학 습 목 표

- 글자를 입력하여 문서를 만들어요.
- 영어와 한자가 있는 문서를 만들어요.

▶ 완성 파일 : 01_상어가족송_완성.hwp

 **글자를 입력하여 문서를 만들어 보아요.**

① [윈도우 로고 키(⊞)]-[한글] 메뉴를 클릭하여 한글 2016 프로그램을 실행합니다.

② 그림과 같이 한글과 특수문자를 입력하여 문서를 완성합니다.

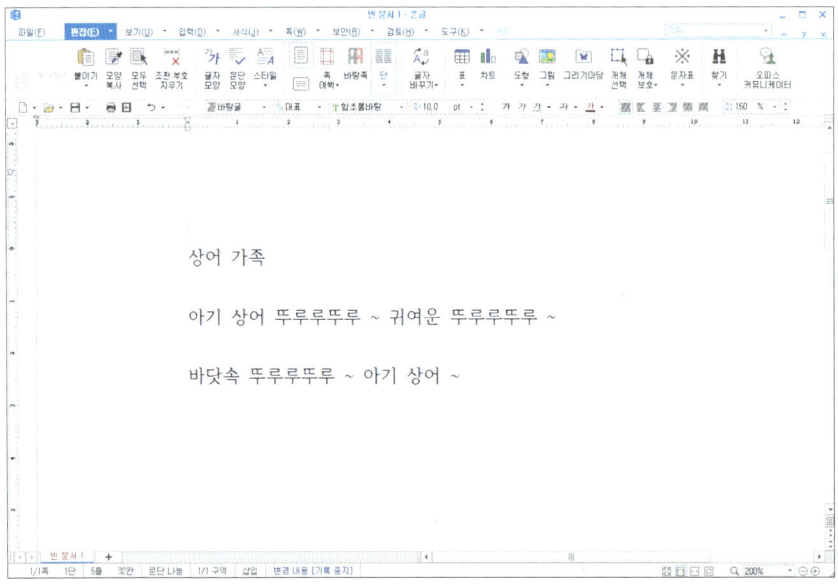

 **영어가 있는 문서를 만들어 보아요.**

① 문서 하단의 [새 탭(+)]을 클릭하여 새로운 '빈 문서'를 실행합니다.

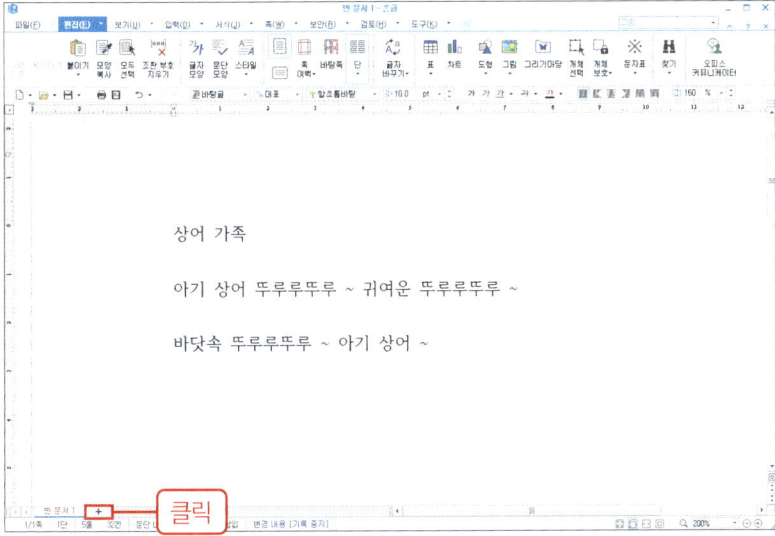

② '빈 문서'가 실행되면 그림과 같이 영어를 입력하여 문서를 완성합니다.

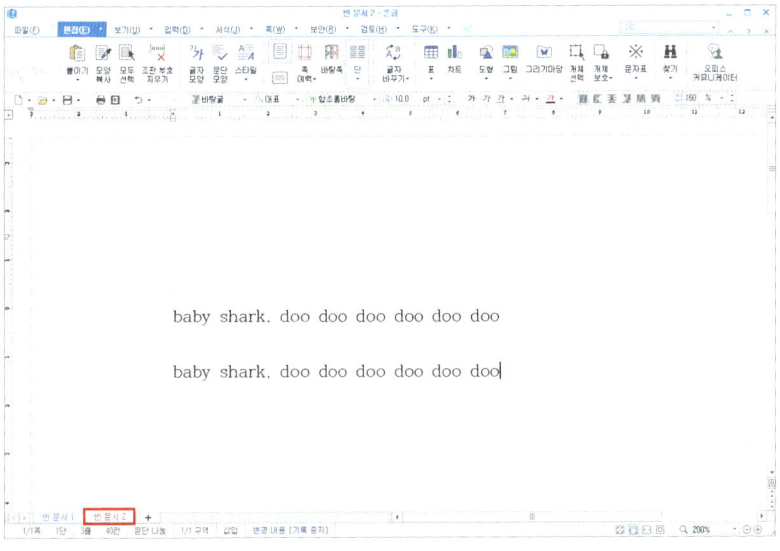

 Tip
- 한글과 영어를 입력하려면 한/영 을 눌러요.
- CapsLock 을 눌러 불이 켜지면 대문자, 불이 꺼지면 소문자가 입력돼요.
- Shift 를 누른 상태로 영어를 입력하면 CapsLock 과 반대로 입력돼요.

미션 3 한자가 있는 문서를 만들어 보아요.

❶ [새 탭(+)]을 클릭하여 새로운 '빈 문서'를 실행한 후 그림과 같이 문서를 완성합니다.

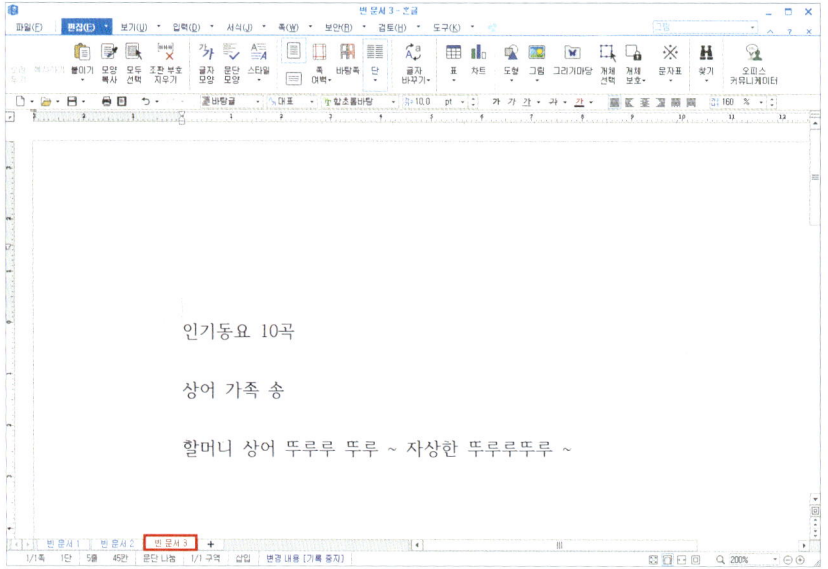

❷ 그림과 같이 '동요'를 블록 지정한 후 F9를 눌러 [한자로 바꾸기] 대화상자가 나타나면 원하는 한자를 선택하고 [입력 형식]에서 '한글(漢字)'을 선택한 후 [바꾸기] 단추를 클릭합니다.

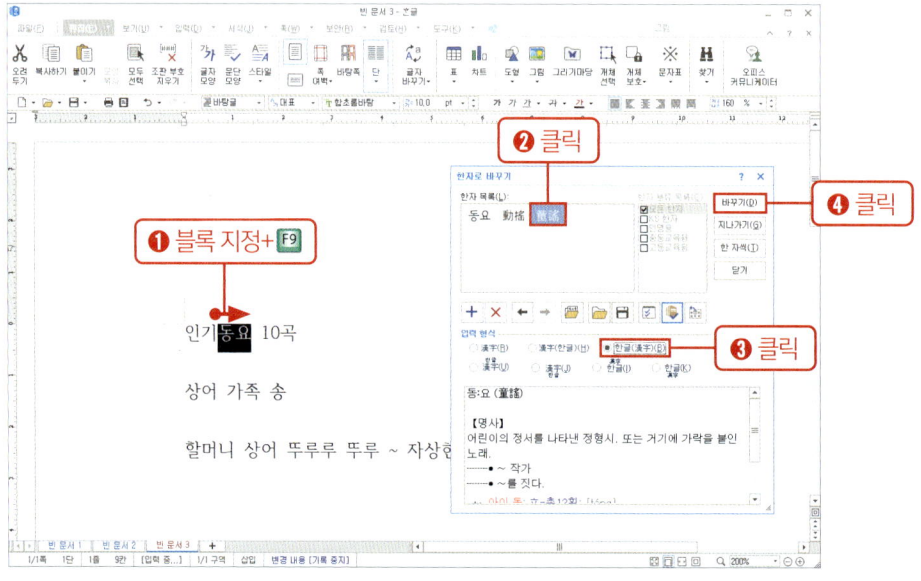

❸ 같은 방법으로 '가족'을 블록 지정한 후 F9를 눌러 한자로 변경해 봅니다.

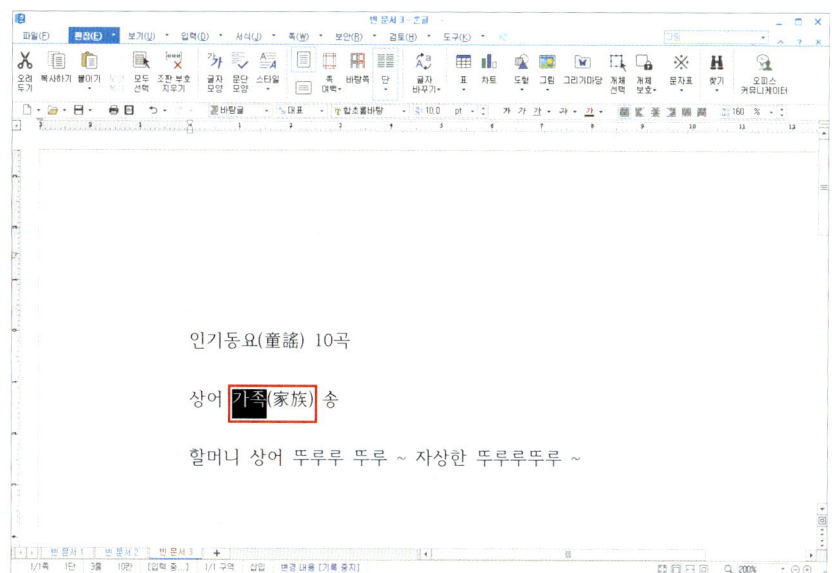

❹ '자상'을 블록 지정한 후 그림과 같이 한자로 변경하고 결과를 확인합니다.

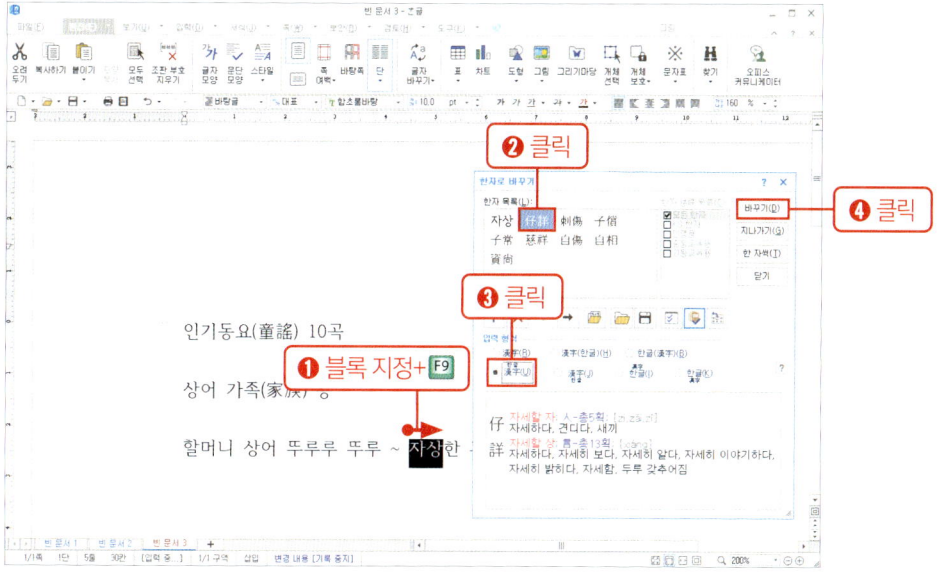

❺ [파일] 탭-[다른 이름으로 저장하기]를 클릭하여 문서를 저장합니다.

혼자 할 수 있어요!

• 완성 파일 : 01_수수께끼_완성.hwp

01 새 문서를 실행한 후 그림과 같이 한글과 숫자가 있는 문서를 만들고 저장해 보세요.

재미있는 수수께끼

1. 돈 주고 사서 물에 적셔 버리는 옷은?
   수영복

2. 모든 일을 망치면서 먹고 사는 사람은?
   어부

3. 물은 물인데 사람들이 무서워하는 물은?
   괴물

---

02 그림과 같이 수수께끼 정답을 한자로 변경하고 다른 이름으로 저장해 보세요.

재미있는 수수께끼

1. 돈 주고 사서 물에 적셔 버리는 옷은?
   수영복(水泳服)

2. 모든 일을 망치면서 먹고 사는 사람은?
   漁夫

3. 물은 물인데 사람들이 무서워하는 물은?
   怪物(괴물)

02 글자 모양 예쁘게 꾸미기

학습목표

- 서식 도구 상자로 문서를 꾸며요.
- 글자 모양 대화상자로 문서를 꾸며요.

▶ 예제 파일 : 02_손 씻는 방법.hwp
▶ 완성 파일 : 02_손 씻는 방법_완성.hwp

 **서식 도구 상자로 글자 모양을 꾸며 보아요.**

① [파일] 탭-[불러오기]를 클릭하여 '손 씻는 방법.hwp' 파일을 불러온 후 첫 번째 줄을 블록 지정하고 서식 도구 상자에서 글꼴, 크기, 글자 색을 지정합니다.

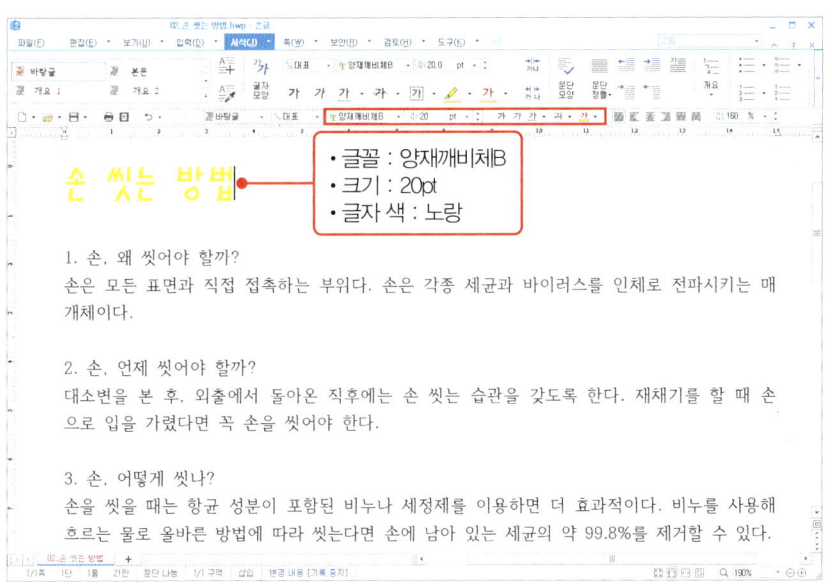

- 글꼴 : 양재깨비체B
- 크기 : 20pt
- 글자 색 : 노랑

② 부제목을 블록 지정한 후 서식 도구 상자에서 글꼴, 크기, 기울임, 글자 색을 지정합니다.

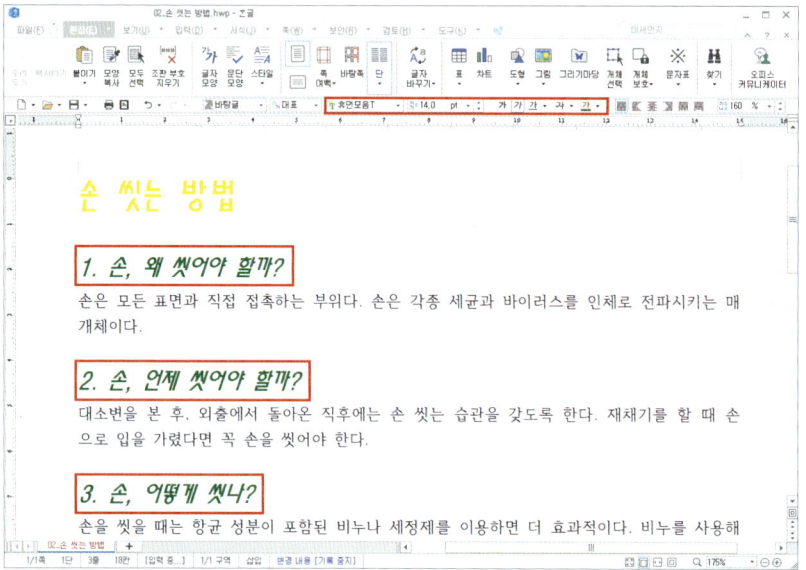

③ 내용을 블록 지정한 후 서식 도구 상자에서 글꼴, 크기, 진하게, 글자 색을 지정합니다.

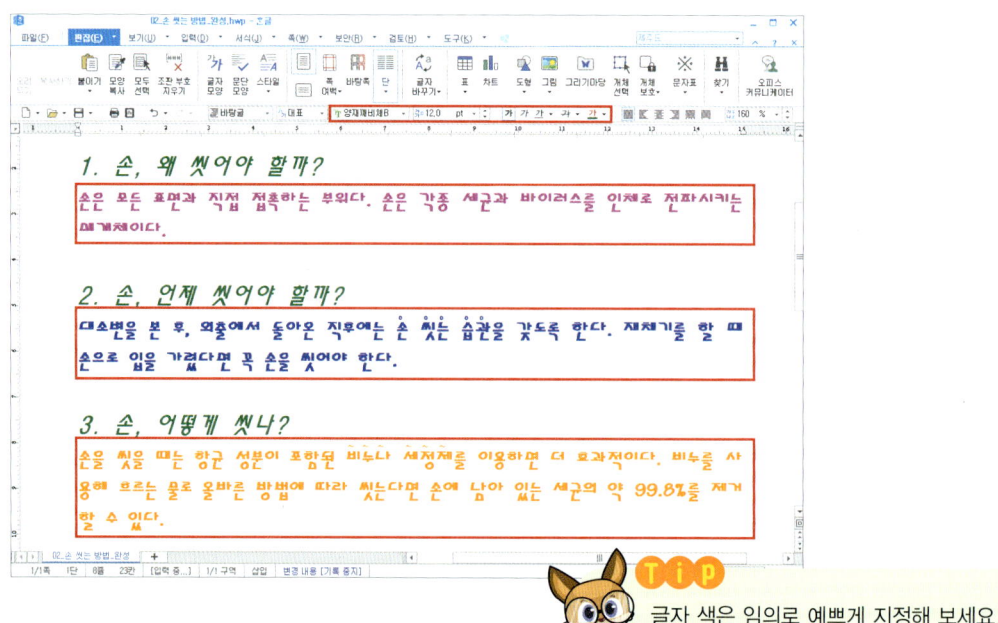

Tip 글자 색은 임의로 예쁘게 지정해 보세요.

미션 2 글자 모양 대화상자로 글자 모양을 꾸며 보아요.

1 제목을 블록 지정한 후 [서식] 탭-[글자 모양]을 클릭하여 [글자 모양] 대화상자가 나타나면 장평 및 속성을 그림과 같이 지정한 후 [설정] 단추를 클릭합니다.

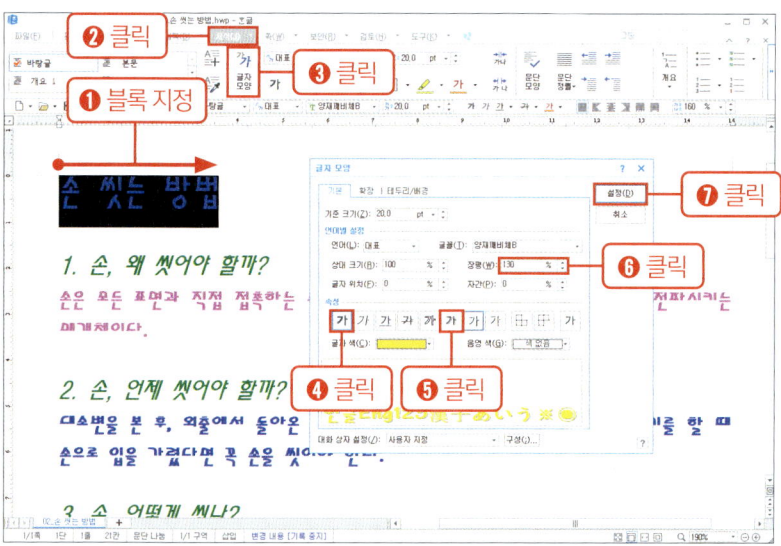

2 **1**과 같은 방법으로 부제목을 각각 블록 지정한 후 [서식] 탭-[글자 모양]을 클릭하여 [글자 모양] 대화상자가 나타나면 자간과 음영 색을 지정하고 결과를 확인합니다.

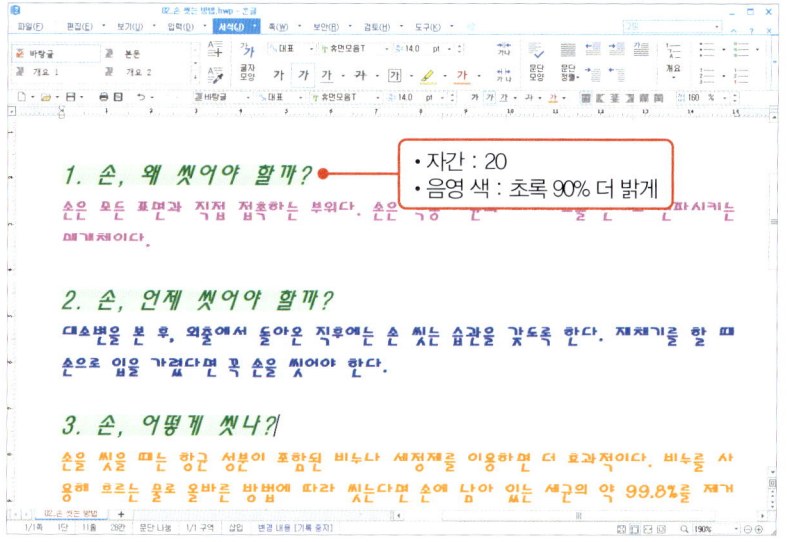

- 자간 : 20
- 음영 색 : 초록 90% 더 밝게

미션 3 다양한 효과로 글자 모양을 꾸며 보아요.

1 제목을 블록 지정한 후 [서식] 탭–[글자 모양()]을 클릭하여 [글자 모양] 대화상자가 나타나면 [확장] 탭–[그림자]에서 그림과 같이 지정하고 [설정] 단추를 클릭합니다.

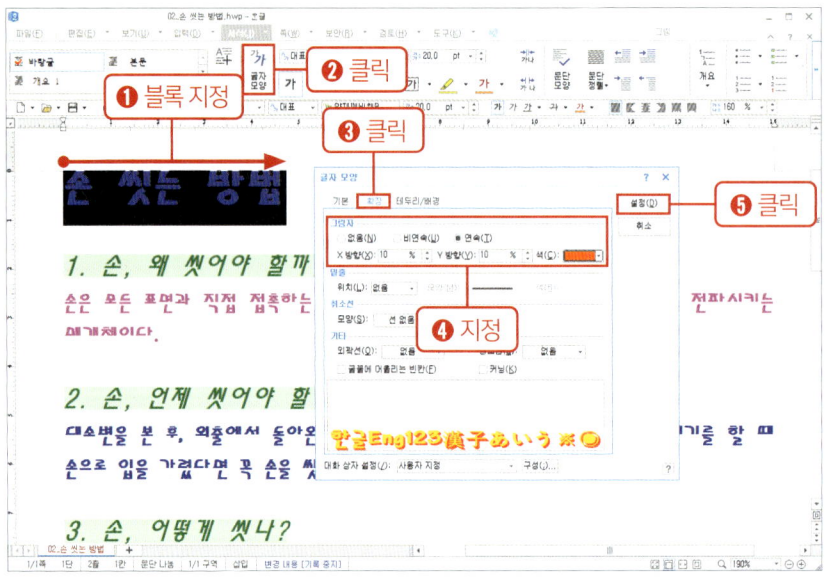

2 **1**과 같은 방법으로 내용 중 '손 씻는 습관' 글자를 블록 지정한 후 [서식] 탭–[글자 모양(가)]을 클릭하여 [글자 모양] 대화상자가 나타나면 [확장] 탭–[기타]에서 강조점을 ' ˚ '로 선택하고 [설정] 단추를 클릭합니다.

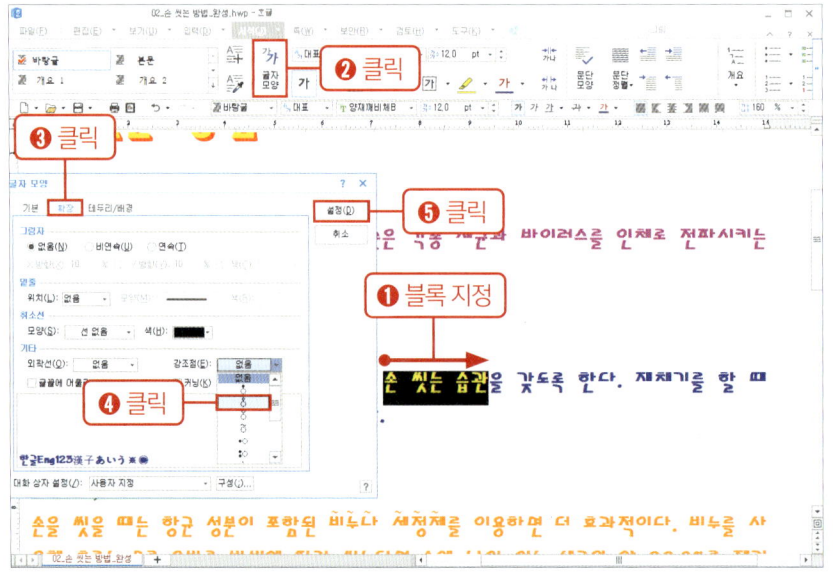

혼자 할 수 있어요!

01 예제 파일을 불러와 그림과 같이 글자 모양을 지정해 보세요.

- 예제 파일 : 02_고약한 냄새동물.hwp
- 완성 파일 : 02_고약한 냄새동물_완성.hwp

- 글꼴 : 양재블럭체
- 크기 : 18pt
- 속성 : 그림자(x : 20%, y : 20%)

- 글꼴 : 한컴 바겐세일B
- 크기 : 12pt
- 속성 : 음영 색, 강조점, 밑줄

02 예제 파일을 불러와 그림과 같이 글자 모양을 지정해 보세요.

- 예제 파일 : 02_수수께끼.hwp
- 완성 파일 : 02_수수께끼_완성.hwp

- 글꼴 : 양재꽃게체M
- 크기 : 32pt
- 속성 : 진하게, 강조점, 자간(20%)

- 글꼴 : 휴먼편지체
- 크기 : 13pt
- 속성 : 음영 색

Hint
글자 색과 음영 색은 임의로 예쁘게 지정해 보세요.

03 문단 모양 지정하기

학습목표
- 여백과 정렬 방식을 변경해요.
- 문단 테두리와 배경을 꾸며요.

▶ 예제 파일 : 03_국토사랑글짓기.hwp
▶ 완성 파일 : 03_국토사랑글짓기_완성.hwp

미션 1 여백과 정렬 방식을 지정해 보아요.

 '국토사랑글짓기.hwp' 파일을 불러오기 하여 제목을 블록 지정하고 서식 도구 상자에서 [가운데 정렬(≡)]을 클릭합니다.

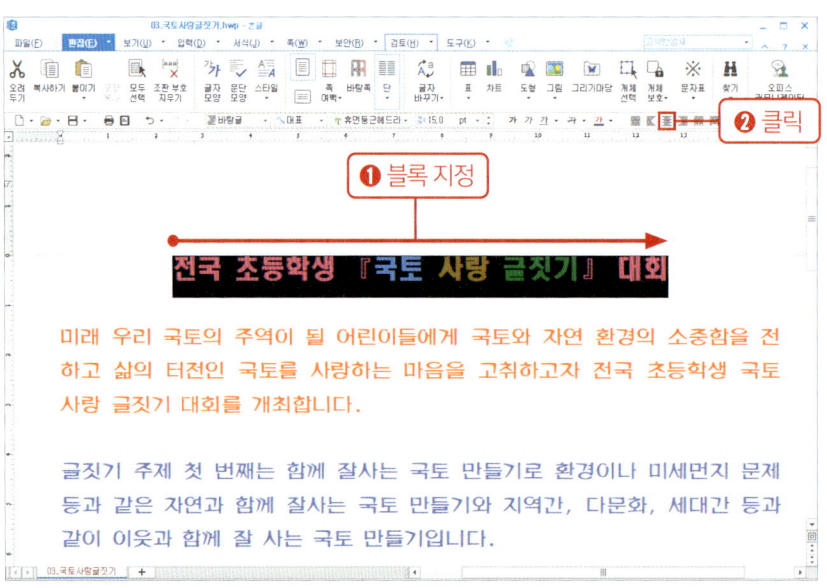

❷ 첫째 단락을 블록 지정하고 [서식] 탭-[문단 모양(≣)]을 클릭하여 [문단 모양] 대화상자가 나타나면 그림과 같이 여백과 줄 간격을 지정한 후 [설정] 단추를 클릭합니다.

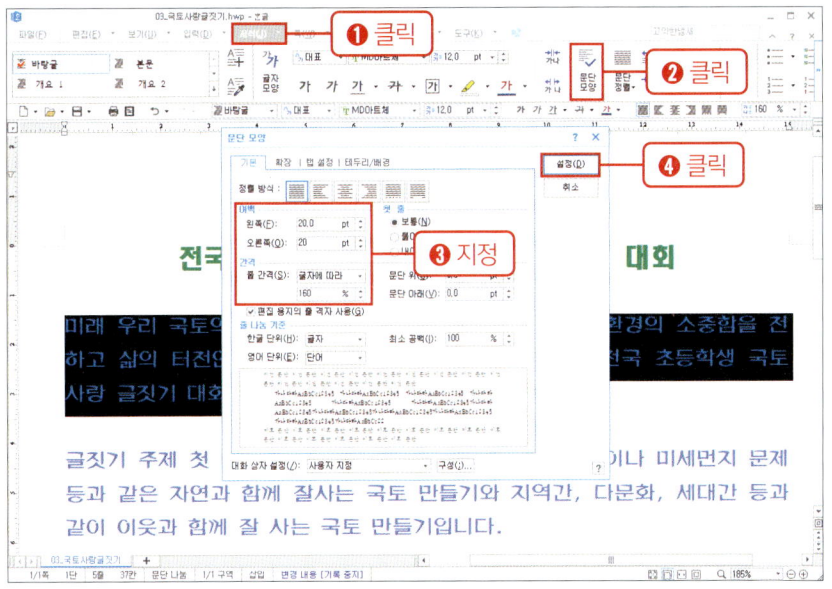

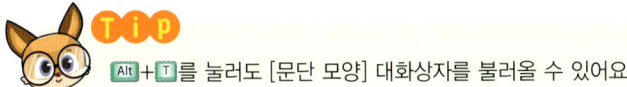

Alt + T 를 눌러도 [문단 모양] 대화상자를 불러올 수 있어요.

❸ ❷와 같은 방법으로 둘째 단락과 셋째 단락을 블록 지정한 후 [문단 모양] 대화상자에서 여백, 들여쓰기, 줄 간격을 지정하고 결과를 확인합니다.

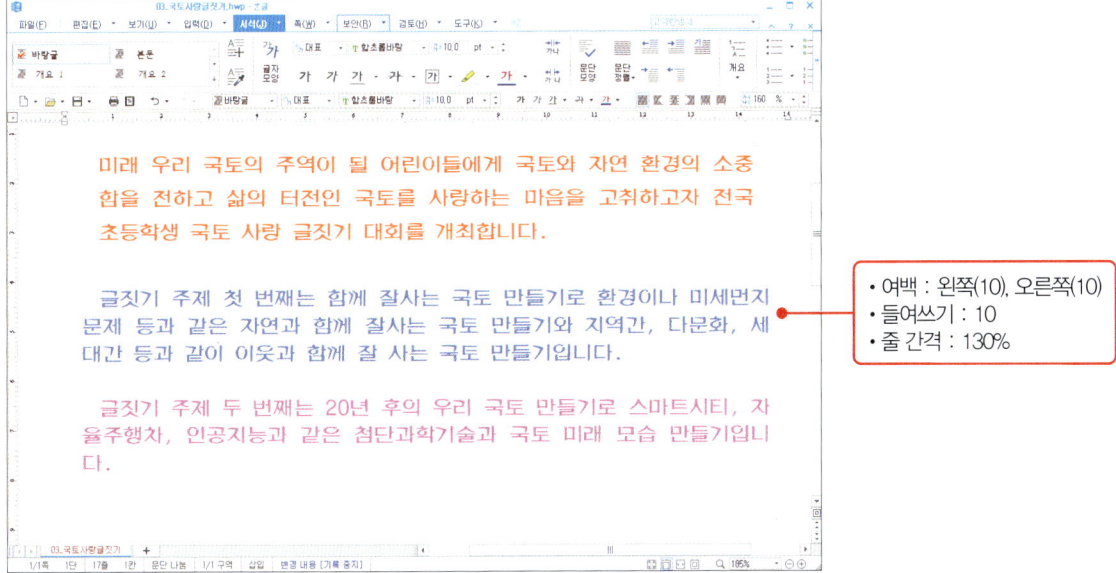

• 여백 : 왼쪽(10), 오른쪽(10)
• 들여쓰기 : 10
• 줄 간격 : 130%

미션 2 문단 테두리와 배경을 꾸며 보아요.

1. 첫째 단락을 블록 지정한 후 [서식] 탭-[문단 모양]을 클릭하여 [문단 모양] 대화상자가 나타나면 [테두리/배경] 탭에서 테두리와, 면 색, 간격을 그림과 같이 지정한 후 [설정] 단추를 클릭합니다.

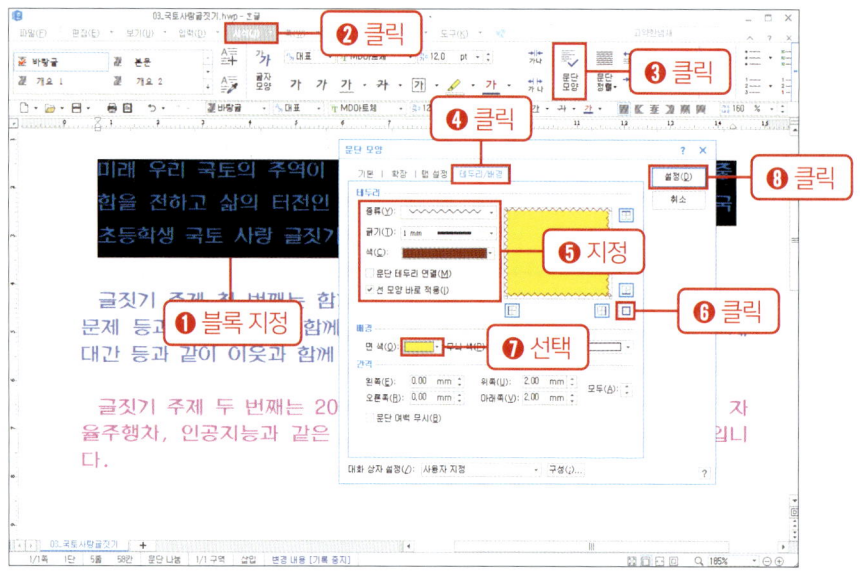

2. 둘째 단락과 셋째 단락도 ①과 같은 방법으로 테두리, 배경, 간격을 지정하고 결과를 확인합니다.

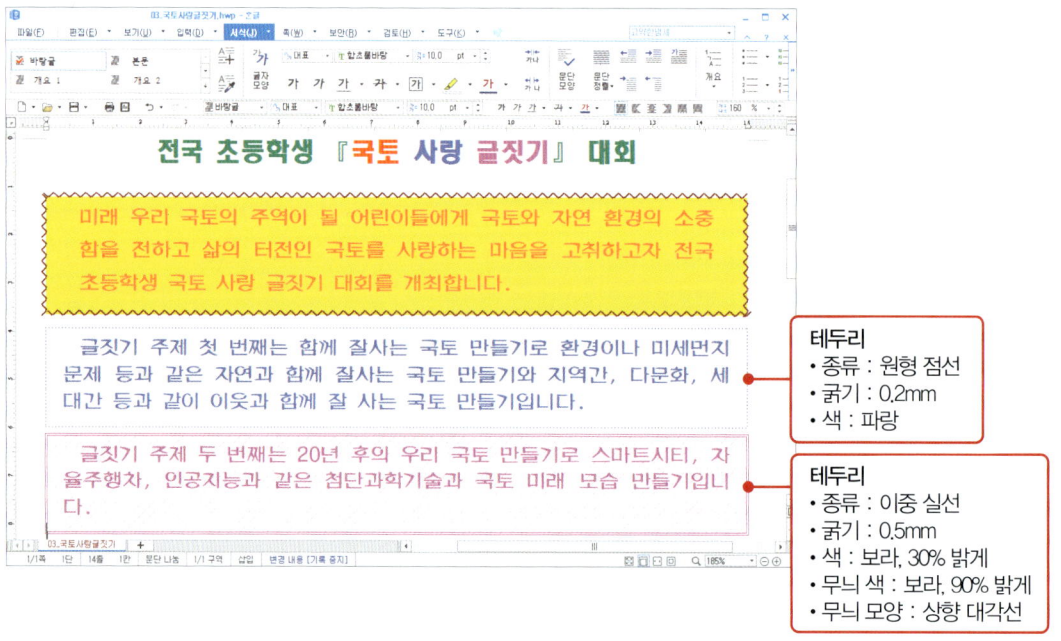

테두리
- 종류 : 원형 점선
- 굵기 : 0.2mm
- 색 : 파랑

테두리
- 종류 : 이중 실선
- 굵기 : 0.5mm
- 색 : 보라, 30% 밝게
- 무늬 색 : 보라, 90% 밝게
- 무늬 모양 : 상향 대각선

혼자 할 수 있어요!

01 예제 파일을 불러와 그림과 같이 문단 모양을 지정해 보세요.

- 예제 파일 : 03_참을인상.hwp
- 완성 파일 : 03_참을인상_완성.hwp

정렬 : 가운데 정렬

- 여백 : 왼쪽(10), 오른쪽(10)
- 들여쓰기 : 10
- 줄 간격 : 200%

정렬 : 오른쪽 정렬

02 예제 파일을 불러와 그림과 같이 문단 모양을 지정해 보세요.

- 예제 파일 : 03_고약한 냄새동물.hwp
- 완성 파일 : 03_고약한 냄새동물_완성.hwp

테두리
- 종류 : 원형 점선
- 굵기 : 0.5mm
- 색 : 주황

배경
- 면 색 : 초록 80% 더 밝게

04 문자표 입력하기

- 문자표를 삽입해요.
- 글자 겹치기로 새로운 글자를 만들어요.

▶ 예제 파일 : 04_태극기.hwp, 04_펫티켓 약속이행서.hwp
▶ 완성 파일 : 04_태극기_완성.hwp, 04_펫티켓 약속이행서_완성.hwp

미션 1 문자표를 삽입해 보아요.

① '태극기.hwp' 파일을 불러오기 하여 첫 번째 노란색 칸을 선택하고 [입력] 탭 목록 단추(▼)-[문자표]를 클릭합니다. [문자표 입력] 대화상자가 나타나면 [흔글(HNC) 문자표] 탭-[기타 기호]에서 '태극' 모양 문자표를 선택한 후 [넣기] 단추를 클릭합니다.

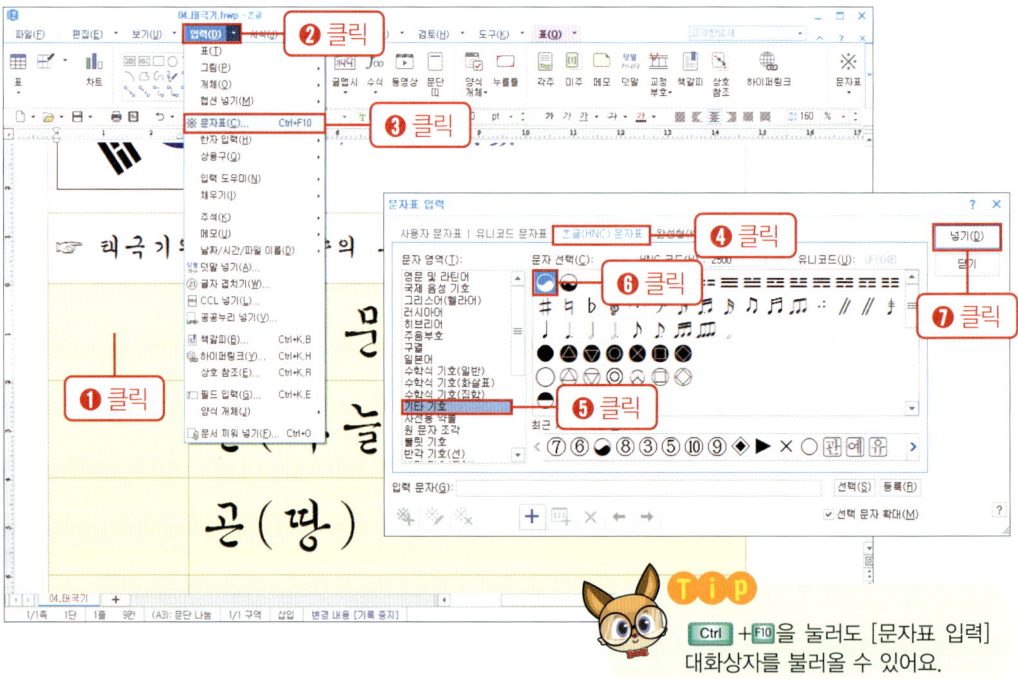

Tip
Ctrl + F10을 눌러도 [문자표 입력] 대화상자를 불러올 수 있어요.

❷ 다음 노란색 칸을 클릭한 후 [입력] 탭-[문자표(※)]-[문자표]를 클릭합니다.

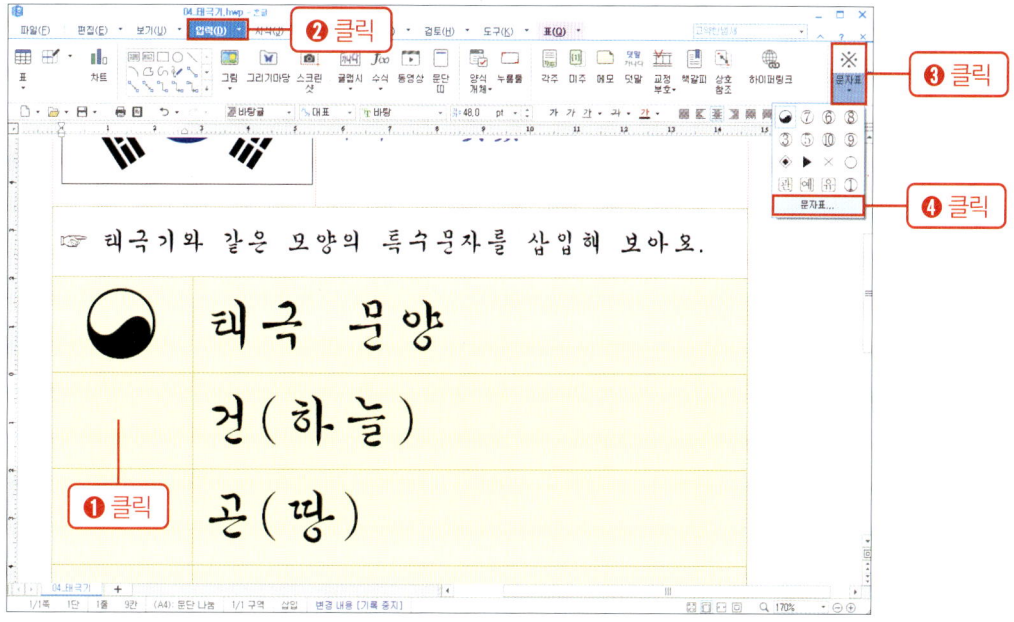

❸ [문자표 입력] 대화상자가 나타나면 ❶과 같은 방법으로 문자표를 삽입합니다. 이어서 나머지 노란색 칸에도 적절한 문자표를 삽입해 봅니다.

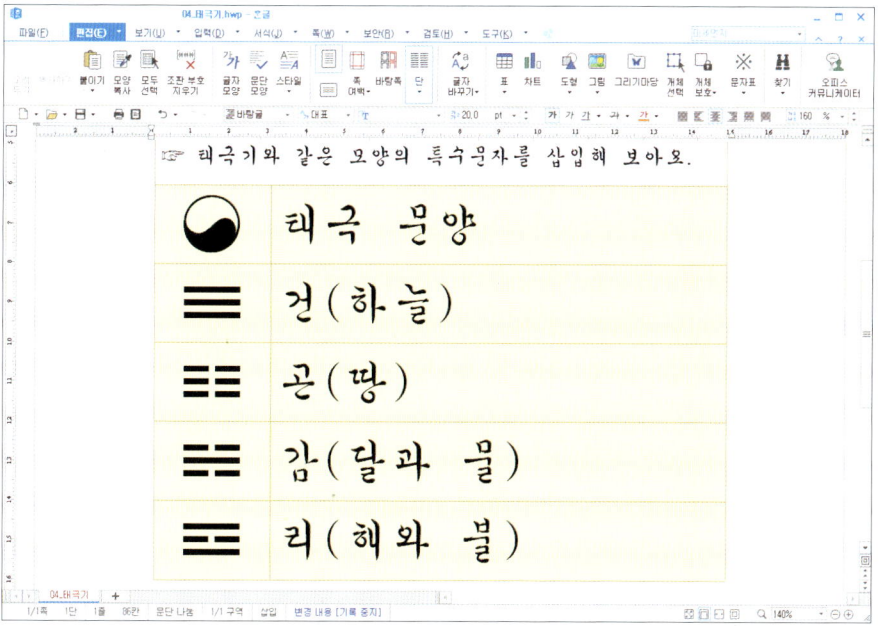

 ## 글자 겹치기로 새로운 글자를 만들어 보아요.

❶ '펫티켓 약속이행서.hwp' 파일을 불러오기 하고 아래쪽 사각형 안쪽을 클릭하여 마우스 커서를 위치시킨 후 [입력] 탭 목록 단추(▼)-[글자 겹치기]를 클릭합니다.

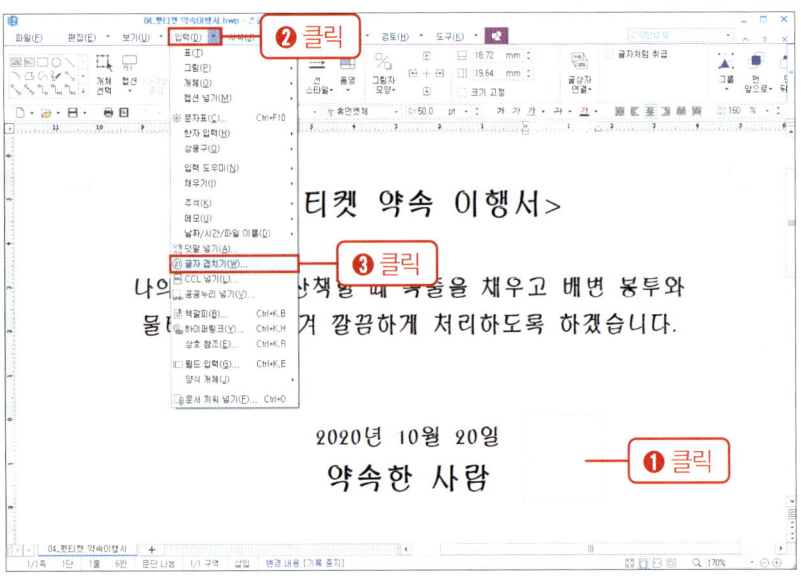

❷ [글자 겹치기] 대화상자가 나타나면 겹쳐 쓸 글자에 자신의 이름을 입력하고 [겹치기 종류]에서 모양과 겹치기를 '반전된 사각형 문자', 글자 크기 조절을 '90%'로 지정한 후 [넣기] 단추를 클릭합니다.

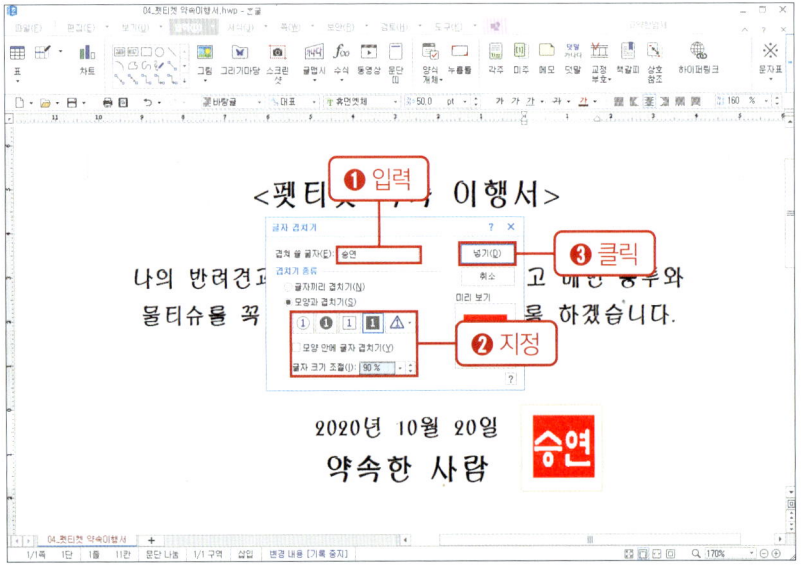

③ 겹쳐 쓴 글자가 표시되면 글자를 블록 지정한 후 서식 도구 상자에서 글자 서식을 지정합니다.

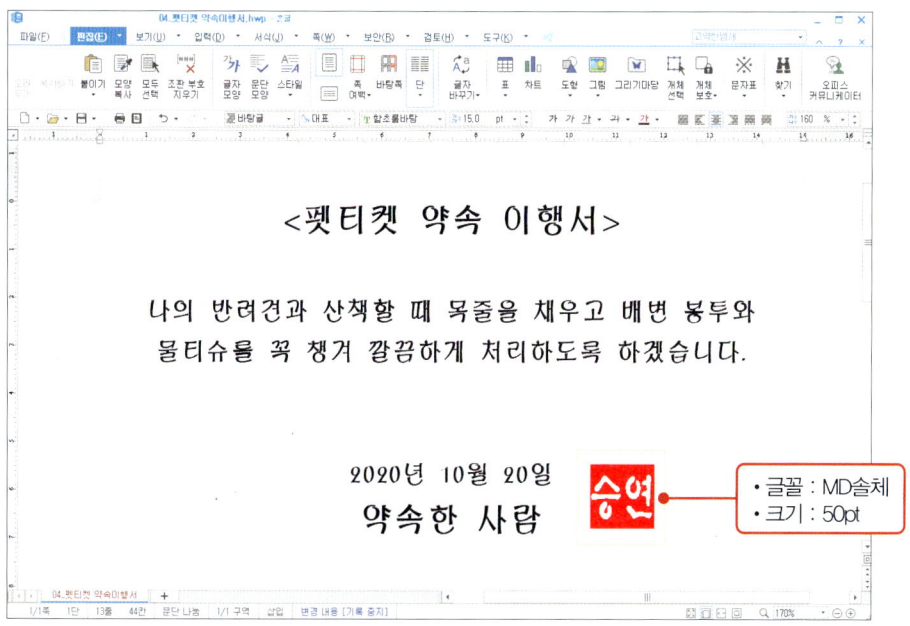

④ 겹쳐 쓴 글자를 더블클릭하여 [글자 겹치기] 대화상자가 나타나면 [겹치기 종류]를 '반전된 원 문자'로 변경한 후 [넣기] 단추를 클릭합니다.

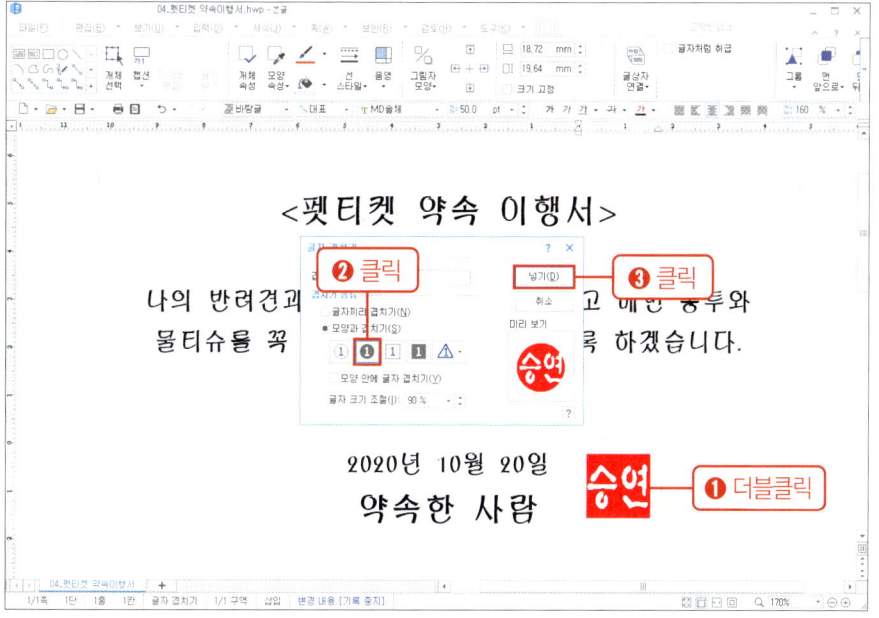

04   혼자 할 수 있어요!

01 새 문서를 실행한 후 문자표를 이용하여 그림과 같은 문서를 완성해 보세요.

• 완성 파일 : 04_학교가는 길_완성.hwp

≪ 학교 가는 길 ≫

작곡 : 김광민

새들 노래 ♩♪♬ 하는 길   푸른 ♣나뭇－잎 반짝 반짝이는 학교 길

친구와 함께 →가는 길   두 ☜☞손을 마주 잡고 걷는 길

골목길에 ♡ 정다운 모습이 가득한

❂ 꽃처럼 환하고 빛나는 🍎웃음 넘치는 길

★ 별과 같은 이야기   서로가 나누는 ∞발걸음 가벼운 아침

▶ 학교 가는 길

• 글꼴 : HY수평선M
• 크기 : 12pt

02 새 문서를 실행한 후 문자표를 이용하여 그림과 같은 문서를 완성해 보세요.

• 완성 파일 : 04_화가났을 땐_완성.hwp

【 火(화)났을 땐 ―☆ ▶①①⑨ ☏ 】

• 글꼴 : 휴먼모음T
• 크기 : 13pt

【 도둑ⓔ들었을 땐 ―☆ ▶①①② ☏ 】

【 ③③할 땐 ―☆ ▶ ③⑥⑨ § 】

【 ▣ㅏ음ⓔ 허전ⓗⓐ고 쉴 곳② 필요할 땐 ―☆ ▶010-1111-2222 】

05 그림 삽입하기

 학습목표

- 그림을 삽입하고 스타일을 지정해요.
- 그림에 다양한 효과를 지정해요.

▶ 예제 파일 : 연구원.png, 세균.png, 실험도구.png
▶ 완성 파일 : 05_연구원_완성.hwp, 05_세균과 실험도구_완성.hwp

미션 1   그림을 삽입하고 스타일을 지정해 보아요.

① 새 문서를 실행하고 [입력] 탭-[그림(🖼)]을 클릭하여 [그림 넣기] 대화상자가 나타나면 '연구원.png' 그림을 선택한 후 '문서에 포함'에 체크하고 [넣기] 단추를 클릭합니다.

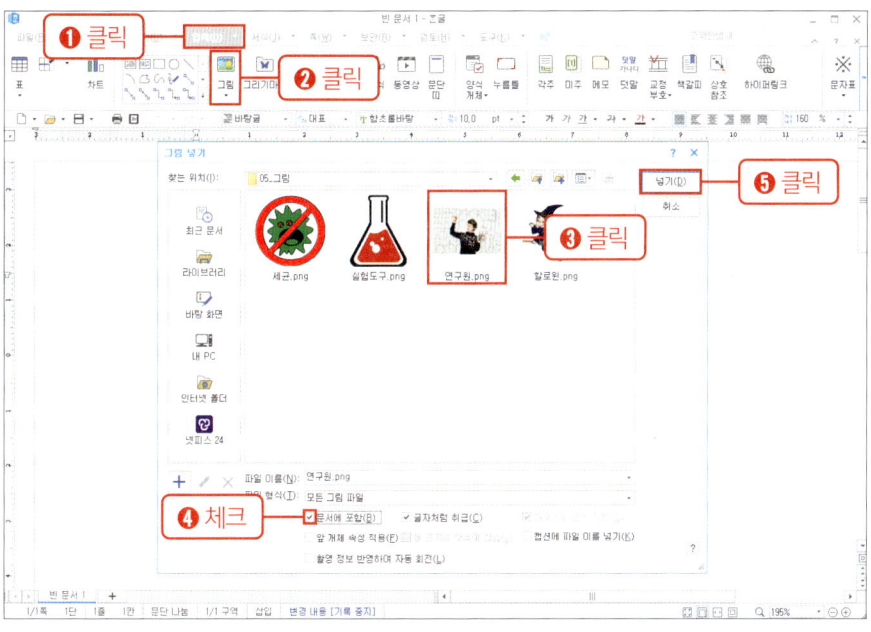

❷ 삽입된 그림을 선택하고 [🖼] 탭의 기본 도구 상자에서 너비 '120mm', 높이 '80mm'로 지정한 후 그림의 크기가 변경되면 가운데로 정렬합니다.

Tip 그림의 크기를 조절할 때 너비 값을 입력하고 Enter 를 누른 후 이어서 높이 값을 입력하고 Enter 를 눌러야 해요.

❸ [🖼] 탭 기본 도구 상자에서 [스타일]의 [자세히] 단추를 클릭한 후 '흰색 이중 반사'를 선택합니다.

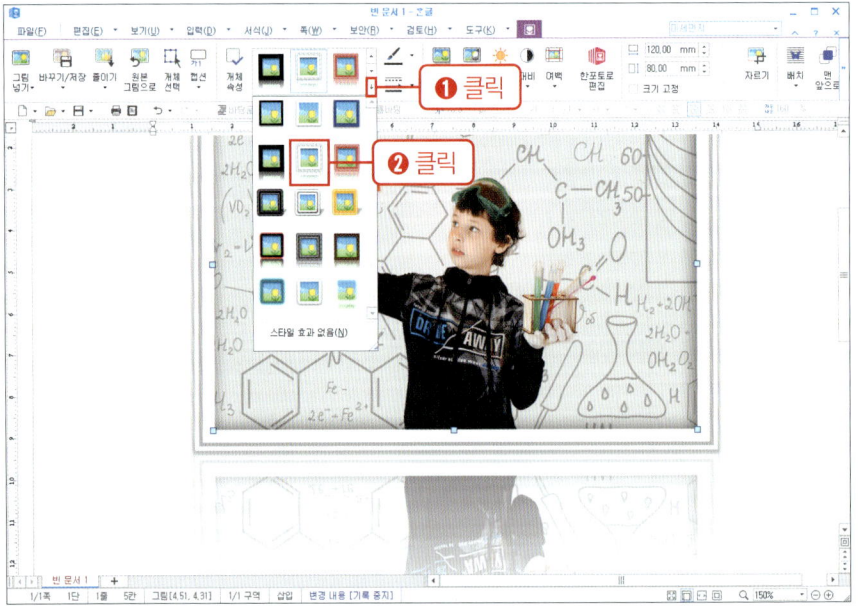

❹ [파일] 탭-[다른 이름으로 저장]을 클릭하여 문서를 저장합니다.

 **미션 2** 그림에 여러 가지 효과를 지정해 보아요.

① 새 문서를 실행한 후 [입력] 탭-[그림(　)]를 클릭하여 [그림 넣기] 대화상자가 나타나면 '세균.png' 그림을 선택하고 Ctrl 을 누른 상태에서 '실험도구.png' 그림을 선택한 후 [넣기] 단추를 클릭합니다.

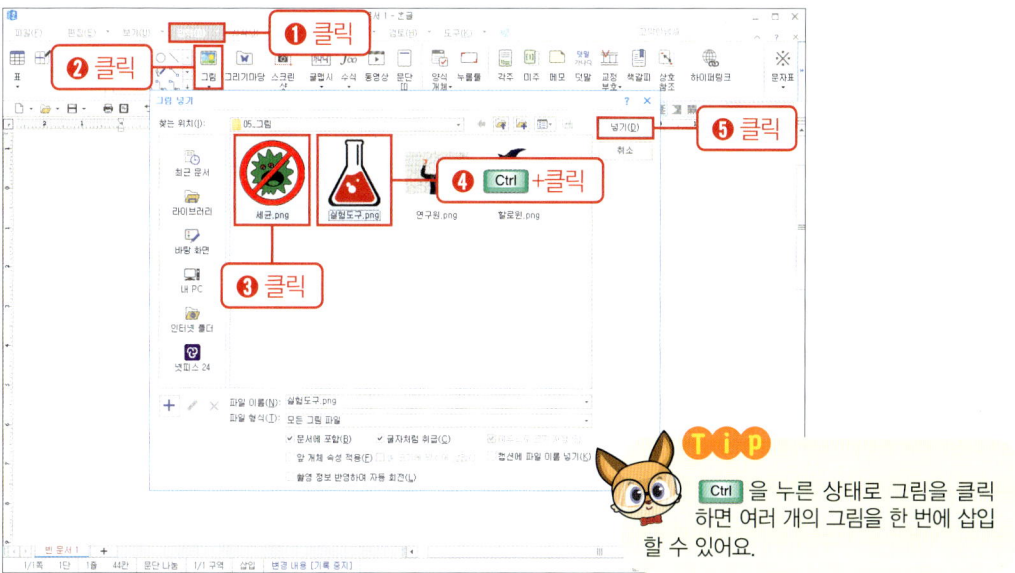

Tip Ctrl 을 누른 상태로 그림을 클릭하면 여러 개의 그림을 한 번에 삽입할 수 있어요.

② '세균.png'와 '실험도구.png' 그림이 삽입되면 그림을 각각 클릭한 후 조절점을 드래그하여 크기를 조절하고 그림과 같이 위치를 지정합니다.

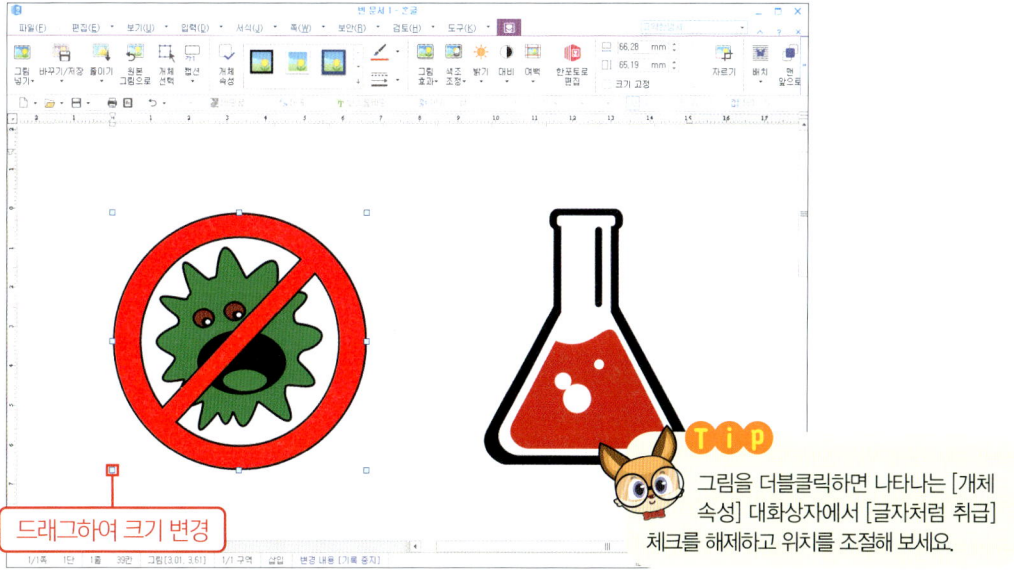

Tip 그림을 더블클릭하면 나타나는 [개체 속성] 대화상자에서 [글자처럼 취급] 체크를 해제하고 위치를 조절해 보세요.

❸ '세균.png' 그림을 선택한 후 [🖼] 탭-[그림 효과(🖼)]-[네온]-[강조 색 2.5 pt]를 클릭합니다.

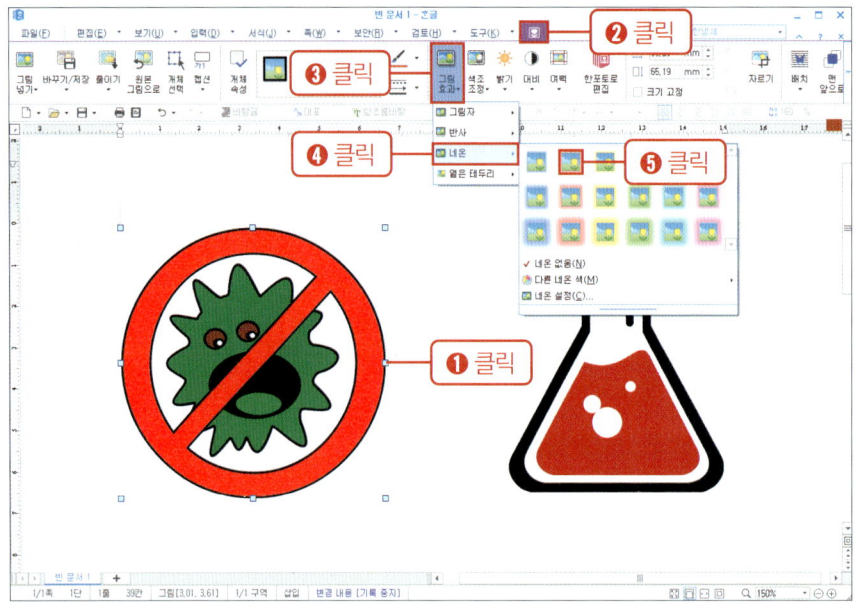

❹ '실험도구.png' 그림을 선택한 후 [🖼] 탭-[그림 효과(🖼)]-[반사]-[1/3 크기, 4 pt]를 클릭합니다.

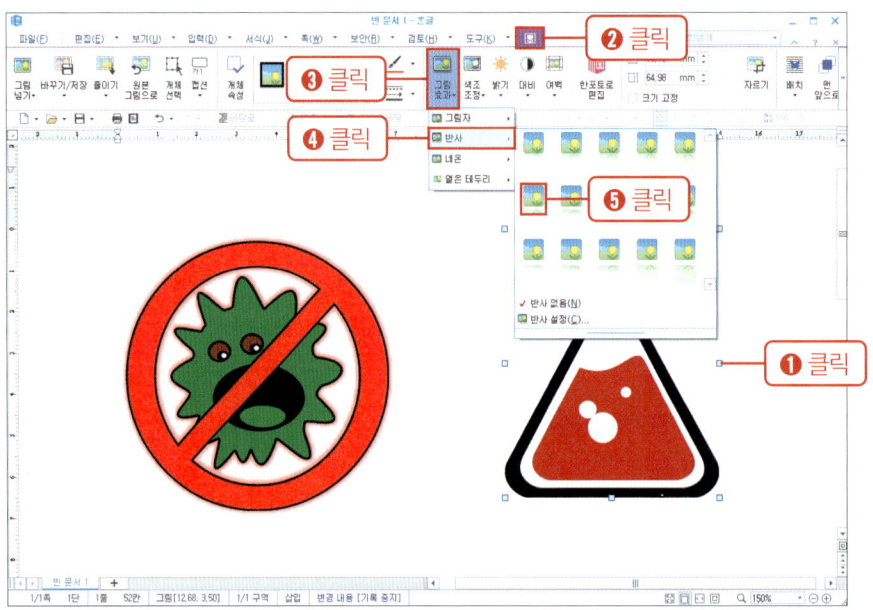

혼자 할 수 있어요!

• 예제 파일 : 할로윈.png
• 완성 파일 : 05_할로윈_완성.hwp

01 '할로윈.png' 그림을 삽입한 후 그림과 같이 크기와 위치를 지정해 보세요.

• 너비 : 90mm
• 높이 : 80mm

02 '할로윈.png' 그림에 그림 효과를 적용해 보세요.

그림 효과
• 그림자 : 대각선 오른쪽 위
• 반사 : 1/3 크기, 근접

06 그리기마당 개체 삽입하기

학습목표

- 그리기마당 개체를 삽입해요.
- 개체 풀기로 조각 그림을 변경해요.

▶ 예제 파일 : 06_의좋은 형제.hwp
▶ 완성 파일 : 06_의좋은 형제_완성.hwp

 **그리기마당 개체를 삽입해 보아요.**

① '의좋은 형제.hwp' 파일을 불러오기 하여 그림과 같이 글자 서식과 문단 서식을 지정합니다.

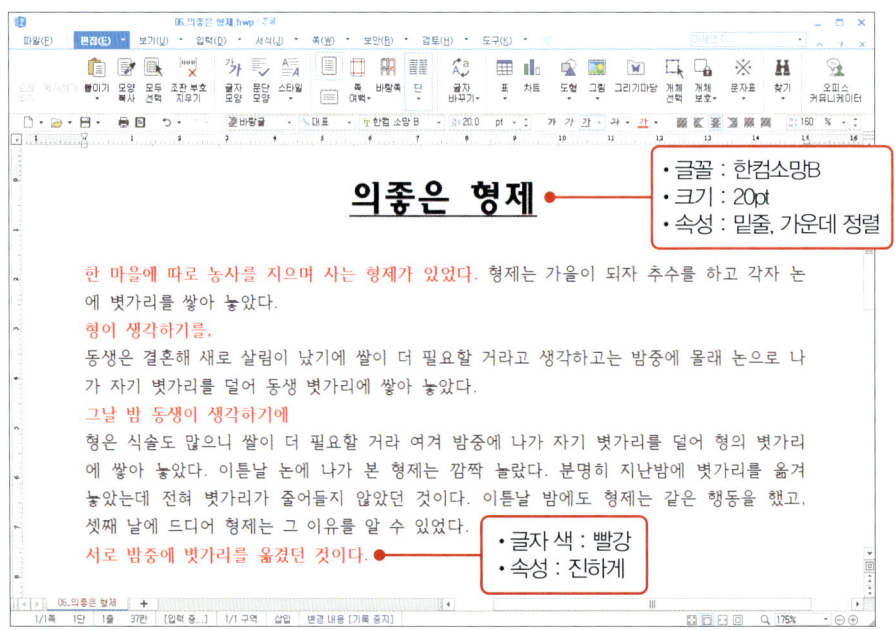

❷ [입력] 탭-[그리기마당(📋)]을 클릭하여 [그리기마당] 대화상자가 나타나면 [그리기 조각] 탭-[전통(전래동화)]-[의좋은형제]를 선택한 후 [넣기] 단추를 클릭합니다.

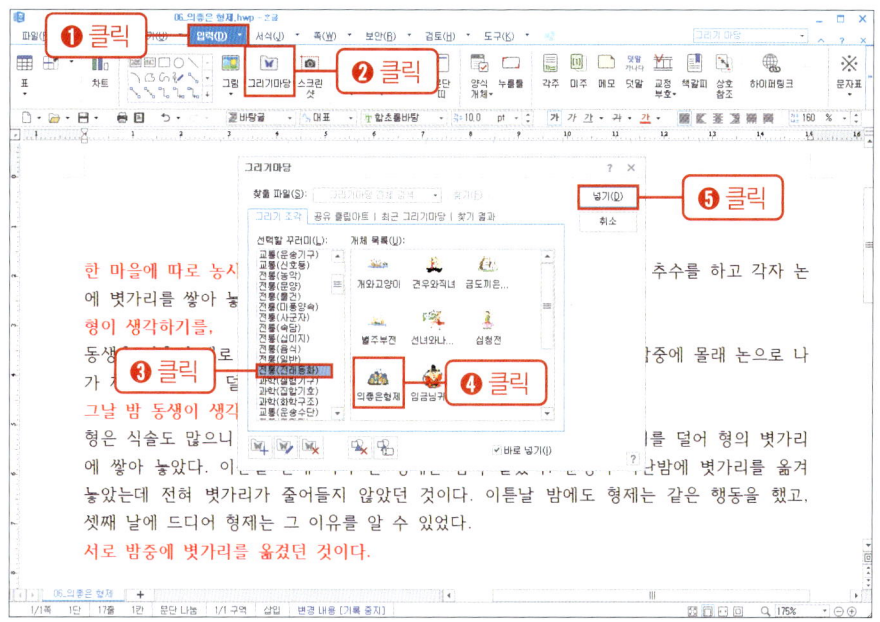

❸ 마우스 포인터가 '+' 모양으로 바뀌면 드래그하여 개체를 삽입합니다.

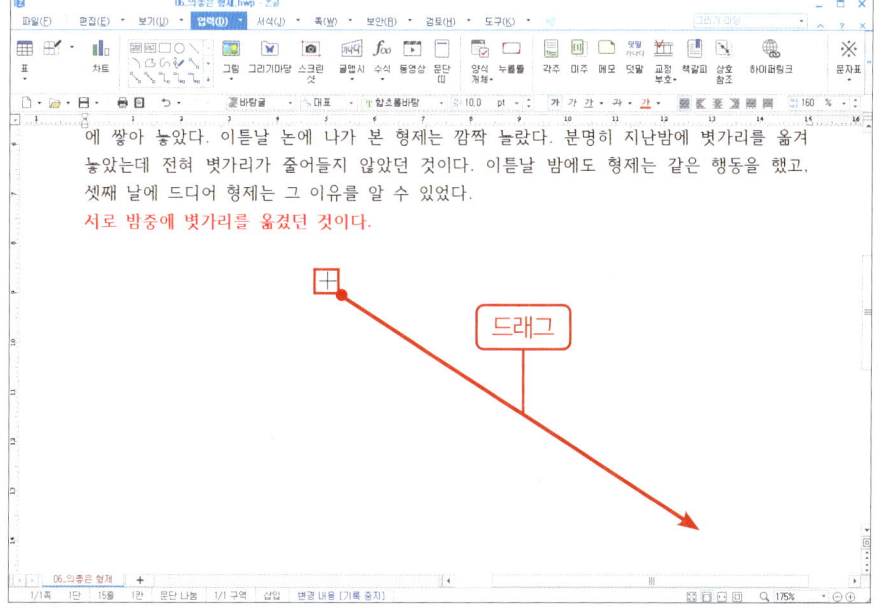

미션 2 · 개체 풀기로 조각 그림을 변경해 보아요.

1 [입력] 탭-[그리기마당(M)]을 클릭하여 [그리기마당] 대화상자가 나타나면 [그리기 조각] 탭-[전통(전래동화)]-[심청전]를 선택하고 [넣기] 단추를 클릭한 후 그림이 삽입될 영역을 드래그합니다.

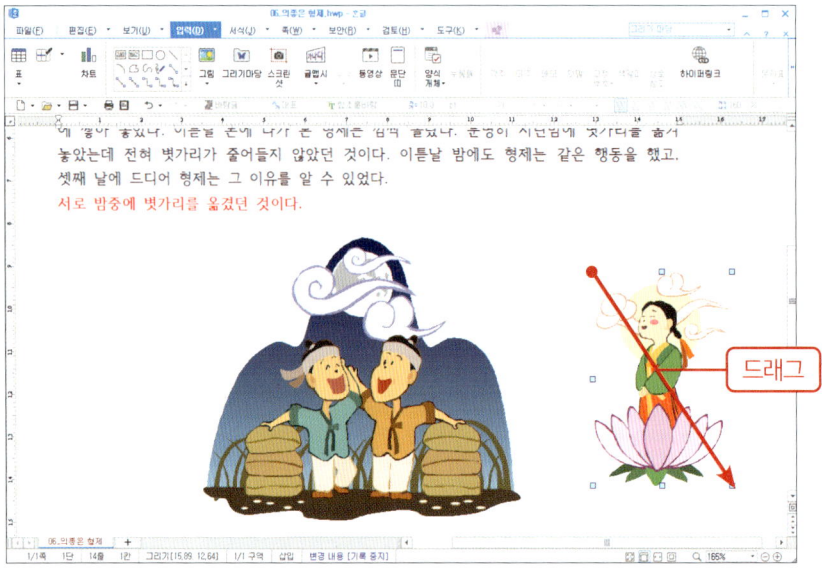

2 먼저 삽입한 '의좋은형제' 그림을 선택하고 [ ] 탭-[그룹( )]-[개체 풀기]를 클릭합니다.

3 **2**와 같은 방법으로 '의좋은형제' 그림을 선택해가며 계속 [개체 풀기]를 클릭하여 동생의 얼굴이 몸과 분리되도록 합니다.

Tip 개체 풀기가 적용된 그림 조각을 드래그하여 위치를 이동시킵니다.

4 **3**과 같은 방법으로 형의 얼굴도 몸통과 분리되도록 합니다.

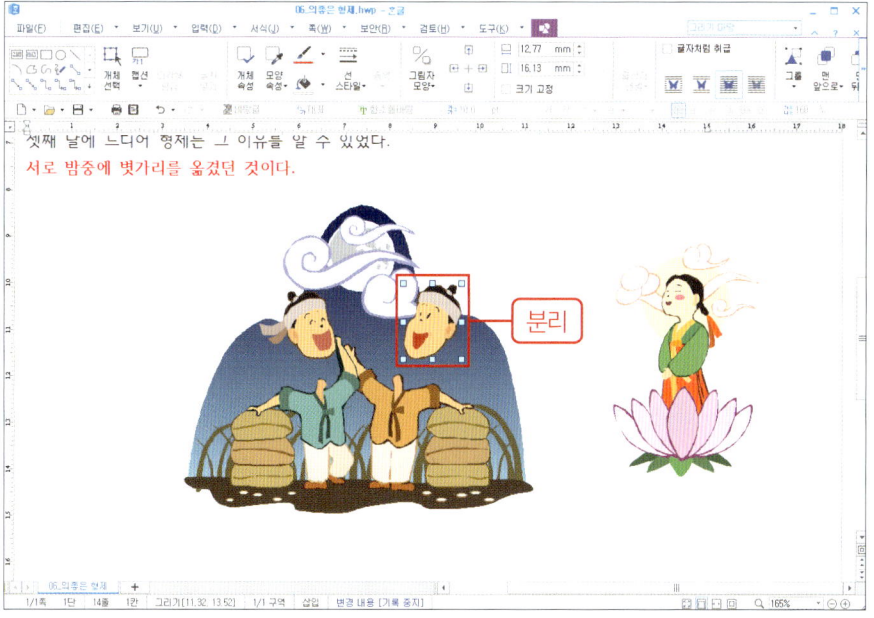

5 **3**과 같은 방법으로 '심청이' 그림을 선택해가며 계속 [개체 풀기]를 클릭하여 심청이의 얼굴이 몸통과 분리되도록 합니다.

6 심청이의 얼굴을 형 얼굴 위치로 드래그하고 형의 얼굴을 심청이 얼굴 위치로 드래그한 후 형의 얼굴을 선택하고 [ ] 탭-[맨 앞으로( )]를 클릭합니다. 이어서 동생 얼굴의 크기를 변경한 후 원래 위치로 이동시킵니다.

혼자 할 수 있어요!

• 예제 파일 : 06_혹부리 영감.hwp
• 완성 파일 : 06_혹부리 영감_완성.hwp

01 예제 파일을 불러와 그림과 같이 글자 서식과 문단 서식을 지정해 보세요.

• 글꼴 : MD아트체
• 크기 : 20pt
• 속성 : 가운데 정렬

• 글꼴 : HY강B
• 속성 : 기울임, 가운데 정렬

02 그리기마당에서 '혹부리영감' 그림을 삽입한 후 개체 풀기 기능을 이용하여 영감과 도깨비의 얼굴을 서로 바꾸어 보세요.

07 글맵시 개체 삽입하기

학습목표

- 글맵시 개체를 삽입해요.
- 글맵시 개체를 꾸며요.

▶ 예제 파일 : 수영.png
▶ 완성 파일 : 07_생존수영_완성.hwp

미션 1 　글맵시 개체를 삽입해 보아요.

 새 문서를 실행한 후 [입력] 탭-[글맵시(개체)]를 클릭하여 [글맵시 만들기] 대화상자가 나타나면 그림과 같이 내용을 입력하고 글자 서식과 글맵시 모양을 지정한 후 [설정] 단추를 클릭합니다.

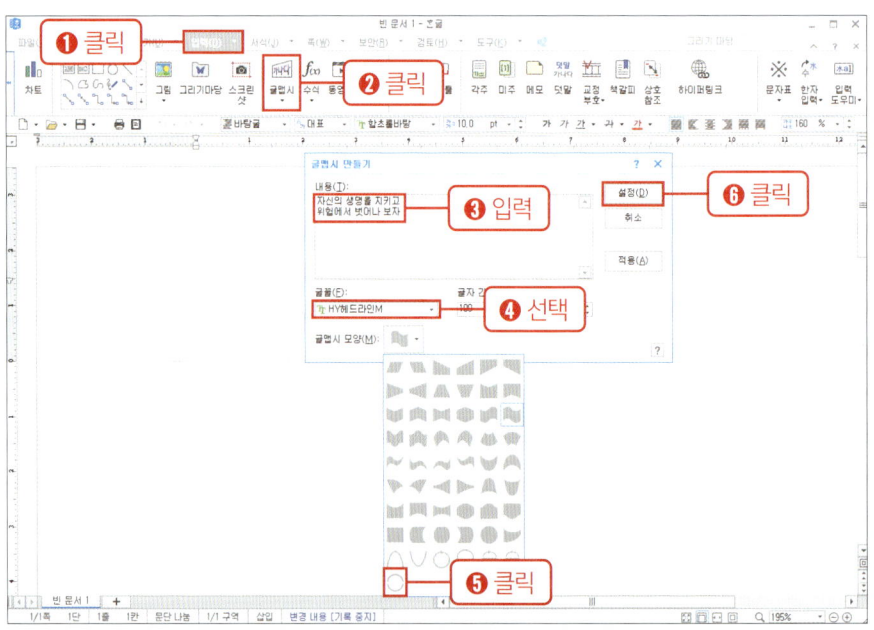

❷ 글맵시가 삽입되면 그림과 같이 크기와 위치를 조절합니다.

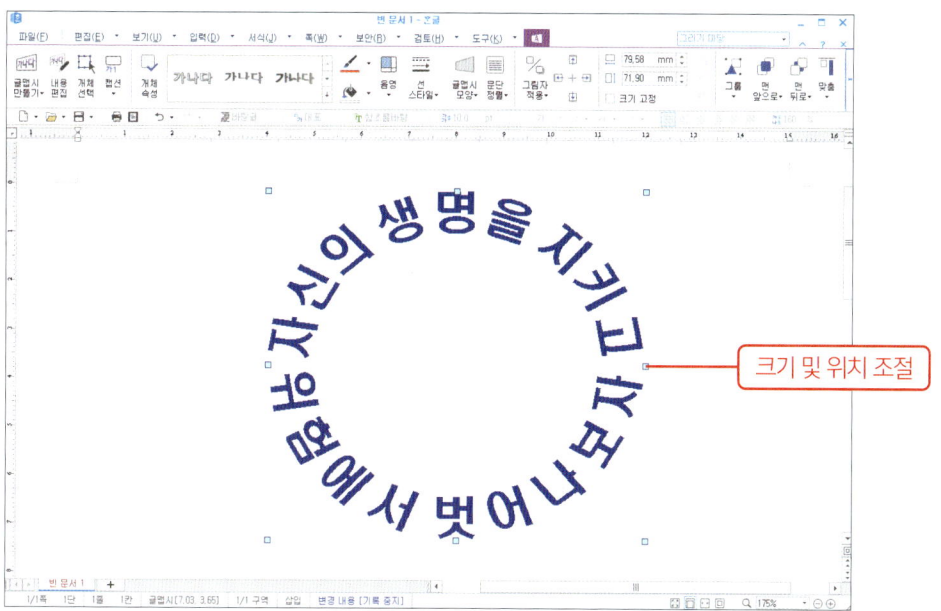

❸ [입력] 탭-[그림(📷)]을 클릭하여 '수영.png' 그림을 삽입한 후 그림을 더블클릭하여 [개체 속성] 대화상자가 나타나면 [기본] 탭에서 [서로 겹침 허용]을 클릭하고 [설정] 단추를 클릭합니다. 이어서 그림의 크기와 위치를 그림과 같이 조절합니다.

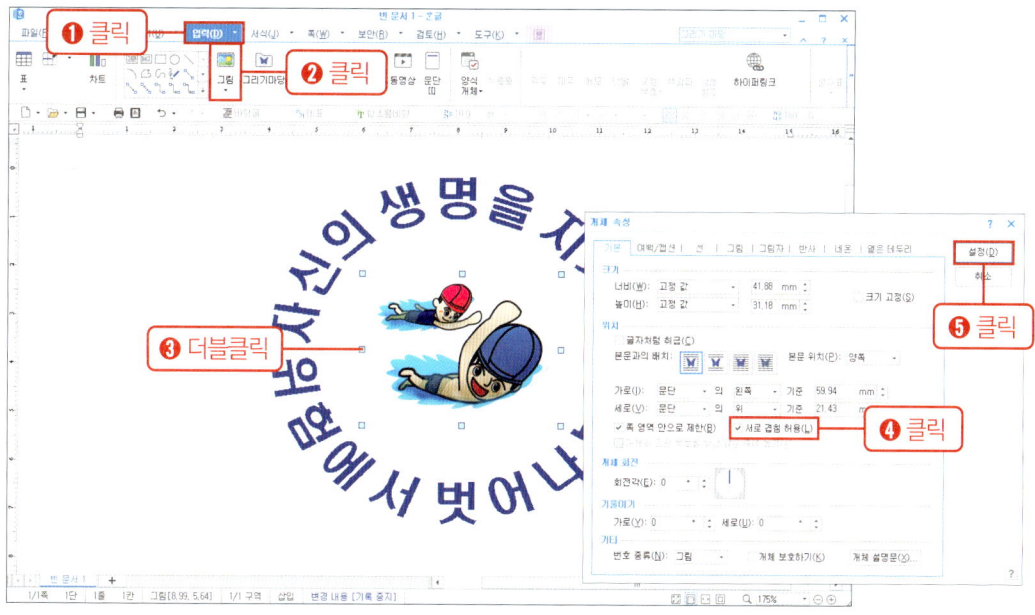

Tip [개체 속성] 대화상자에서 [글자처럼 취급]에 체크가 되어 있다면, 체크를 해제한 후 [서로 겹침 허용]을 클릭해요.

미션 2 글맵시 개체를 꾸며 보아요.

1 글맵시 개체를 더블클릭하여 [개체 속성] 대화상자가 나타나면 [선] 탭과 [채우기] 탭에서 그림과 같이 서식을 지정한 후 [설정] 단추를 클릭합니다.

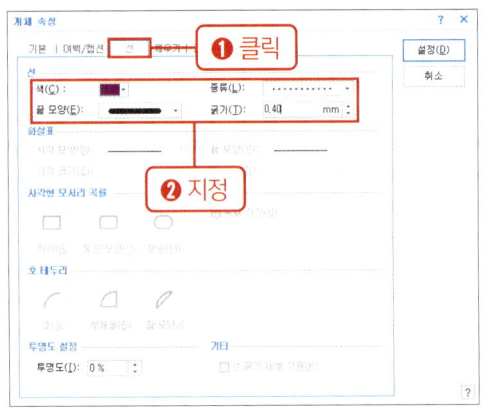 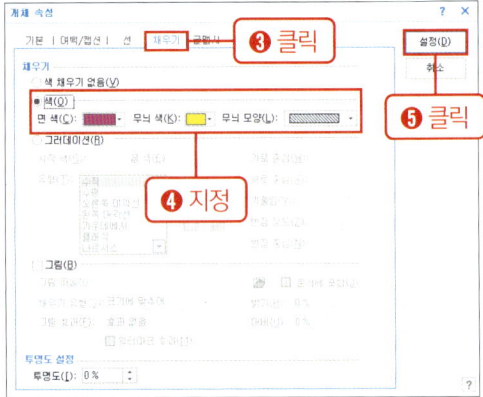

2 글맵시 개체에 선 색과 채우기 무늬가 적용된 것을 확인합니다.

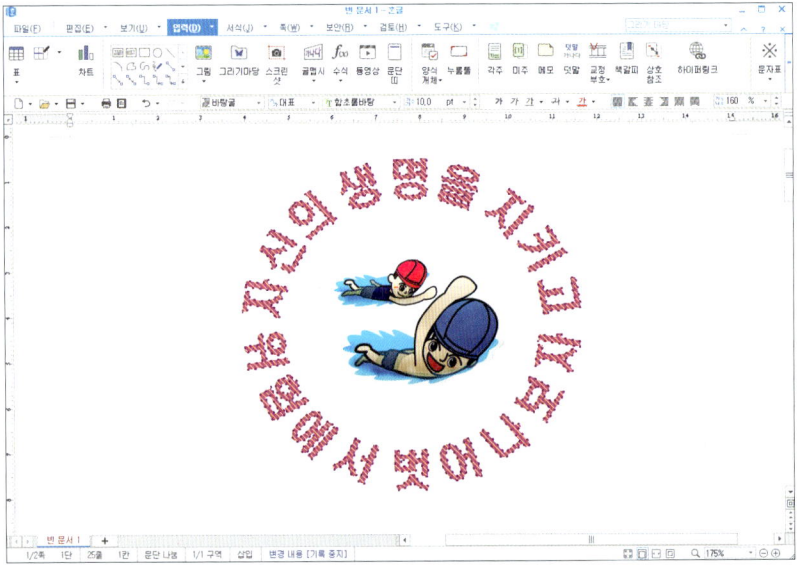

혼자 할 수 있어요!

01 새 문서를 실행한 후 글맵시 개체와 그림을 삽입하여 그림과 같은 문서를 완성해 보세요.

• 예제 파일 : 안전.png
• 완성 파일 : 07_안전_완성.hwp

글맵시
• 글꼴 : 한컴 윤체 B
• 글맵시 모양 : 왼쪽으로 팽창(▶)

글맵시
• 글꼴 : 한컴 윤체 B
• 글맵시 모양 : 오른쪽으로 팽창(◀)

02 새 문서를 실행한 후 글맵시 개체와 그림을 삽입하여 그림과 같은 문서를 완성해 보세요.

• 예제 파일 : 안내.png
• 완성 파일 : 07_안내_완성.hwp

글맵시
• 글꼴 : HY크리스탈M
• 글맵시 모양 : 육각형(⬡)

글맵시
• 글꼴 : HY견고딕
• 글맵시 모양 : 역등변사다리꼴(▽)

Hint 글맵시 서식은 임의로 예쁘게 지정해 보세요.

08 다단과 문단 첫 글자 장식

학습목표
- 다단을 설정해요.
- 문단 첫 글자 장식을 설정해요.

▶ 완성 파일 : 08_식사예절_완성.hwp

 **다단으로 문서를 나눠 보아요.**

① 새 문서를 실행한 후 [쪽] 탭-[편집 용지(🗐)]를 클릭하여 [편집 용지] 대화상자가 나타나면 [용지 여백]에서 왼쪽 여백을 '15.0mm' 나머지 여백을 '0mm'로 지정한 후 [설정] 단추를 클릭합니다.

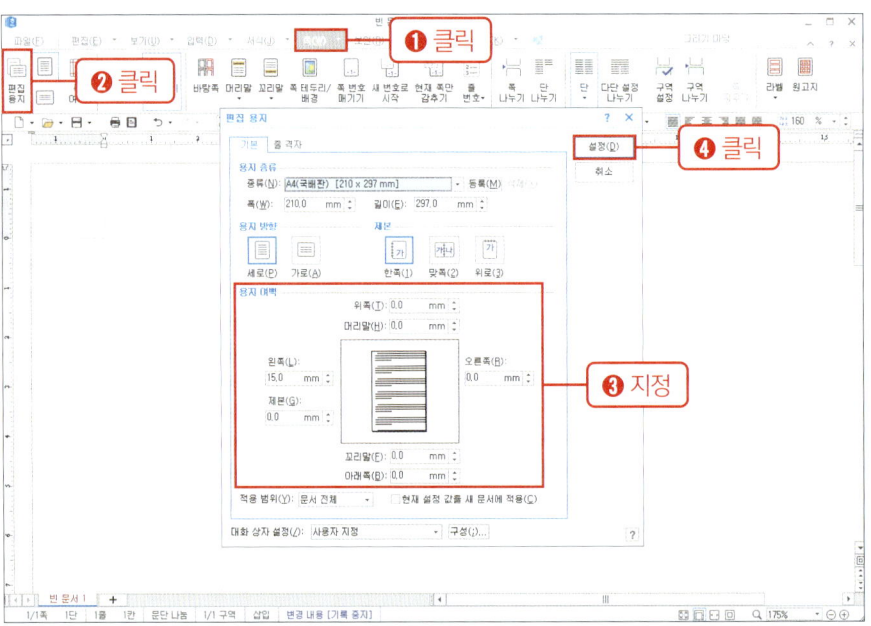

2 용지 여백이 적용되면 Enter 를 12번 눌러 줄을 띄운 후 그림과 같이 문서를 작성하고 다시 Enter 를 9번 누릅니다.

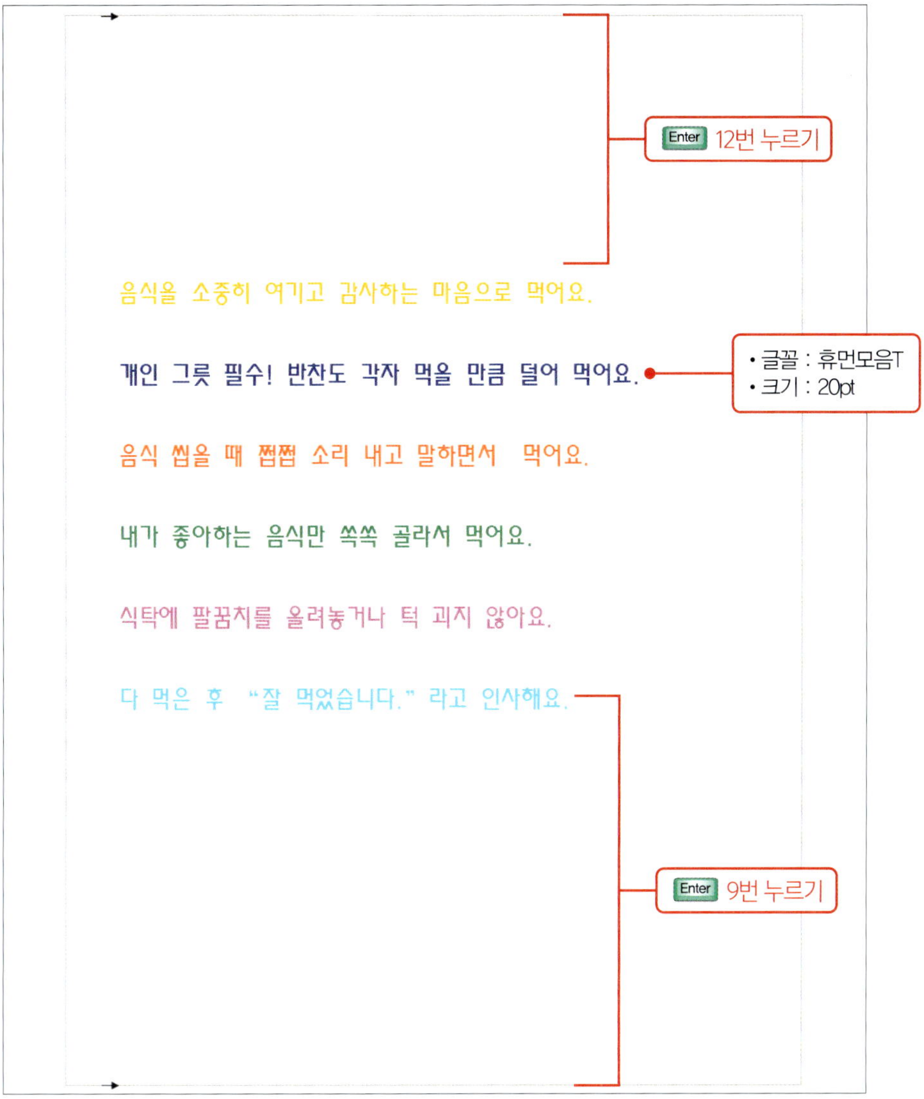

- Enter 12번 누르기

음식을 소중히 여기고 감사하는 마음으로 먹어요.

개인 그릇 필수! 반찬도 각자 먹을 만큼 덜어 먹어요.

- 글꼴 : 휴먼모음T
- 크기 : 20pt

음식 씹을 때 쩝쩝 소리 내고 말하면서 먹어요.

내가 좋아하는 음식만 쏙쏙 골라서 먹어요.

식탁에 팔꿈치를 올려놓거나 턱 괴지 않아요.

다 먹은 후 "잘 먹었습니다." 라고 인사해요.

- Enter 9번 누르기

- Enter 를 누를 때 글자 크기가 10pt로 되어 있는지 확인해요.
- 글자 색은 임의로 예쁘게 지정해 보세요.

❸ [쪽] 탭 목록 단추(▼)-[다단 설정]을 클릭하여 [단 설정] 대화상자가 나타나면 [자주 쓰이는 모양]에서 그림과 같이 단 모양과 서식을 지정한 후 [설정] 단추를 클릭합니다.

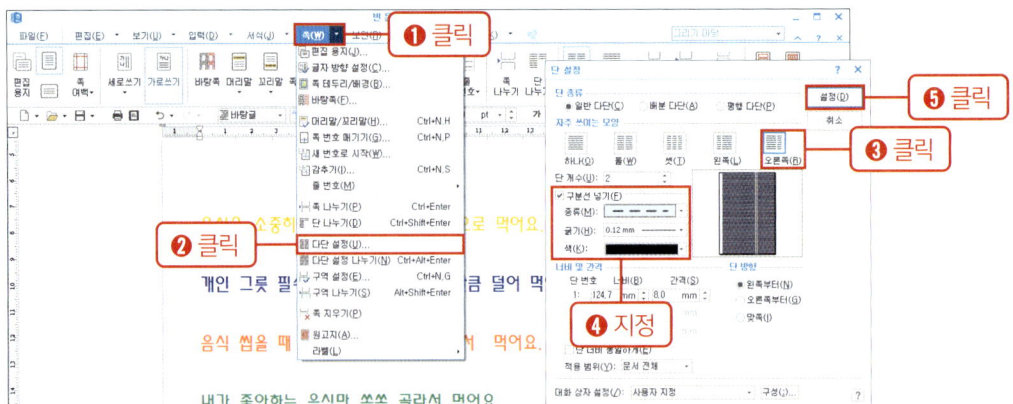

❹ 설정한 다단 모양이 적용된 것을 확인합니다.

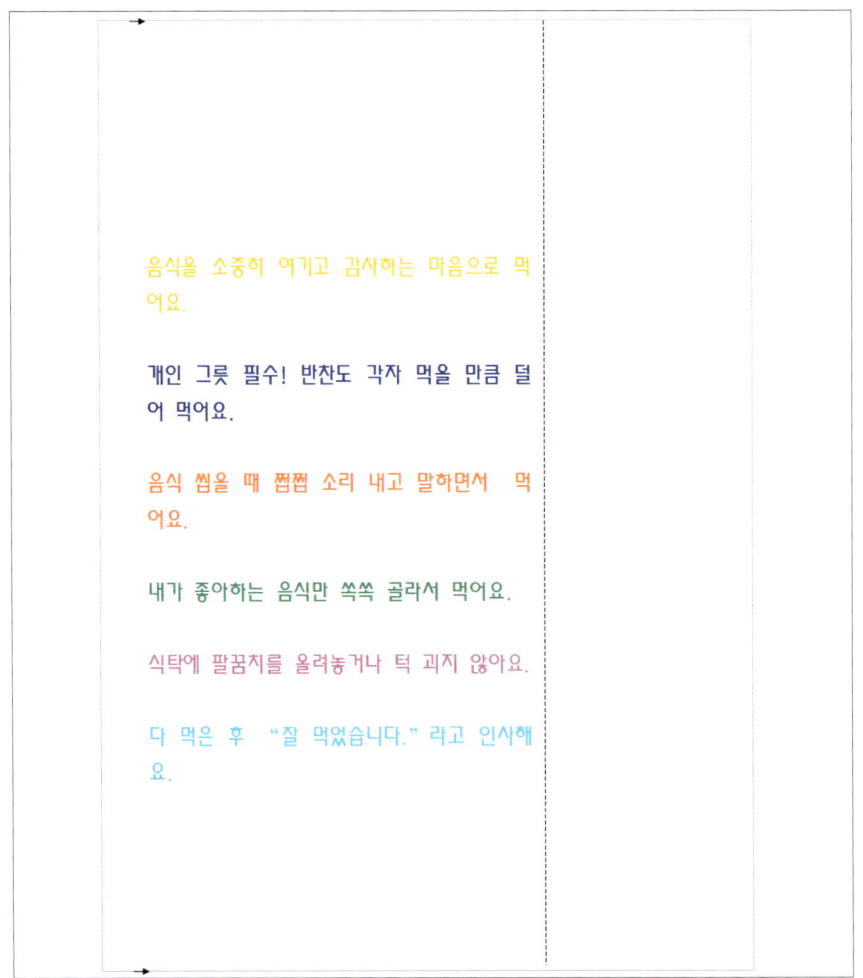

 **미션 2** 문단 첫 글자 장식을 설정해 보아요.

① 첫째 줄 '음' 글자 앞에 마우스 커서를 위치시킨 후 [서식] 탭 목록 단추(▼)-[문단 첫 글자 장식]을 클릭하여 [문단 첫 글자 장식] 대화상자가 나타나면 [모양]에서 '2줄(2)'을 선택하고 [글꼴/테두리]에서 그림과 같이 서식을 지정한 후 [설정] 단추를 클릭합니다.

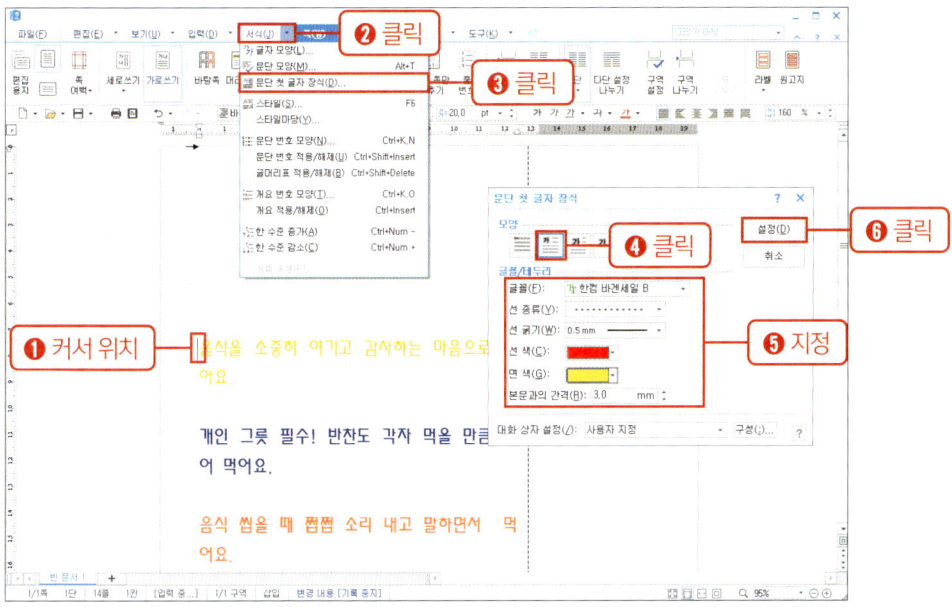

② ①과 같은 방법으로 나머지 문단들도 문단 첫 글자 장식 기능을 이용하여 자유롭게 꾸며 봅니다.

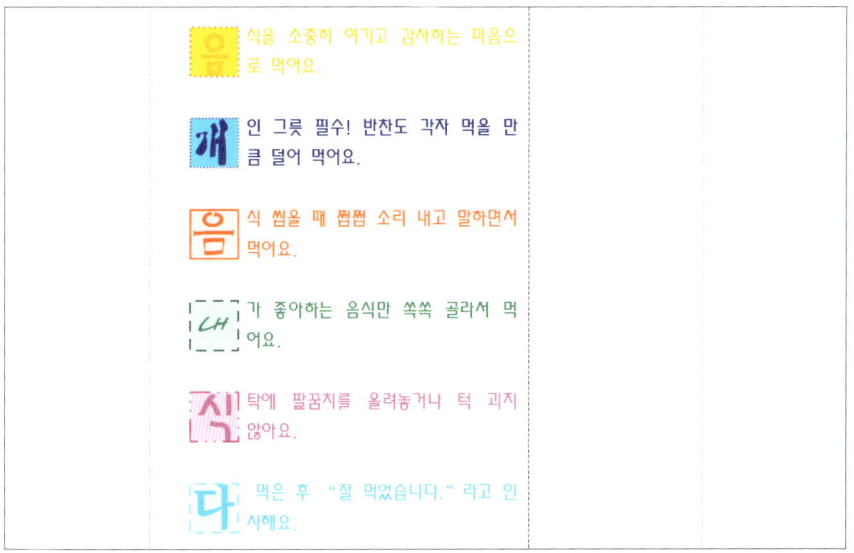

혼자 할 수 있어요!

• 예제 파일 : 08_지난날의 추억.hwp
• 완성 파일 : 08_지난날의 추억_완성.hwp

01 예제 파일을 불러와 다단과 문단 첫 글자 장식을 이용하여 그림과 같은 문서를 완성해 보세요.

문단 첫 글자 장식
• 모양 : 3줄(3)
• 글꼴 : 양재이니셜체

문단 첫 글자 장식
• 모양 : 3줄(3)
• 글꼴 : 양재와당체M

문단 첫 글자 장식
• 모양 : 3줄(3)
• 글꼴 : MD개성체

Hint
글자 색 및 테두리 서식은 임의로 예쁘게 지정해 보세요.

09 글상자 삽입하기

- 글상자를 삽입해요.
- 글상자를 복사해요.

▶ 예제 파일 : 09_식사예절.hwp
▶ 완성 파일 : 09_식사예절_완성.hwp

미션 1 글상자를 삽입해 보아요.

① '식사예절.hwp' 파일을 불러오기 하여 [입력] 탭 목록 단추(▼)-[개체]-[글상자]를 클릭합니다.

② 마우스 커서가 '+' 모양으로 바뀌면 그림과 같이 드래그하여 글상자를 삽입합니다.

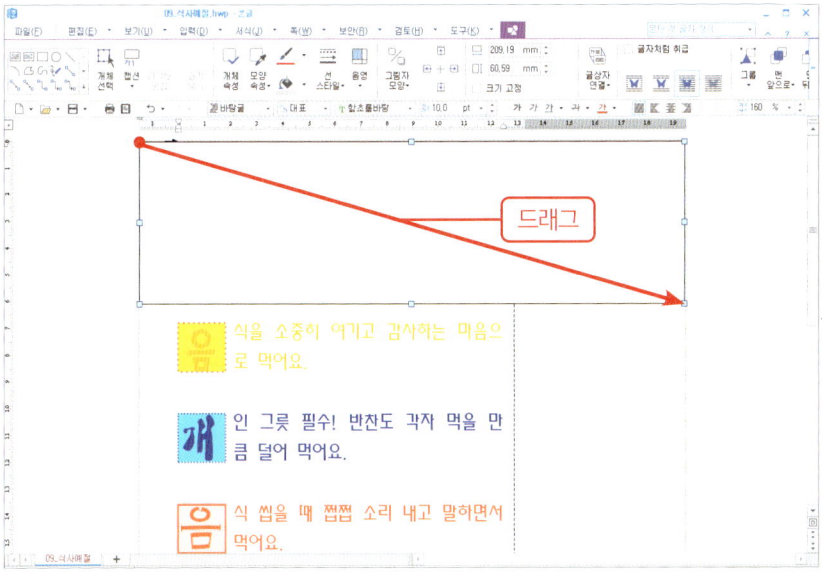

❸ 글상자 안에 커서가 깜박이면 내용을 입력한 후 그림과 같이 글자 서식을 변경합니다.

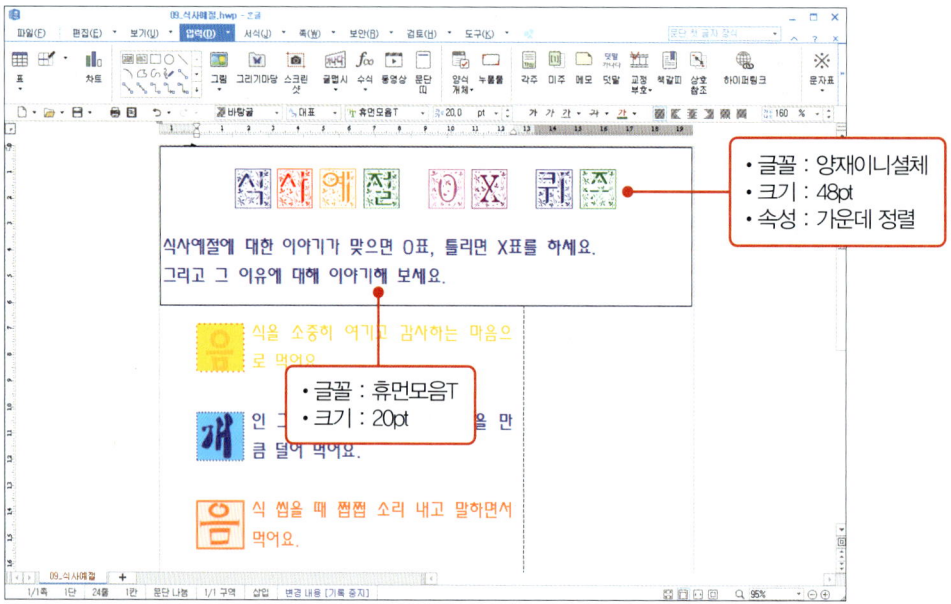

❹ 글상자를 더블클릭하여 [개체 속성] 대화상자가 나타나면 [선] 탭에서 종류를 '선 없음'으로 지정하고 [채우기] 탭에서 그림과 같이 서식을 지정한 후 [설정] 단추를 클릭합니다.

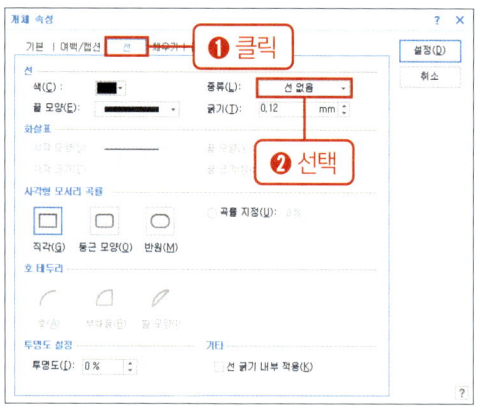 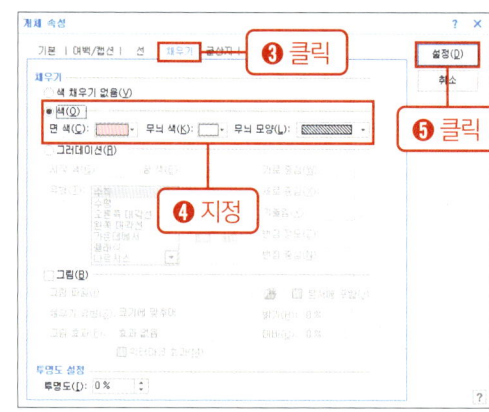

 **글상자를 복사하여 문서를 완성해 보세요.**

① [보기] 탭 목록 단추(▼)-[격자]-[격자 보기]를 클릭하여 문서에 점이 표현되도록 한 후 [입력] 탭-[가로 글상자(🔲)]를 클릭하고 글상자를 삽입할 영역을 드래그합니다.

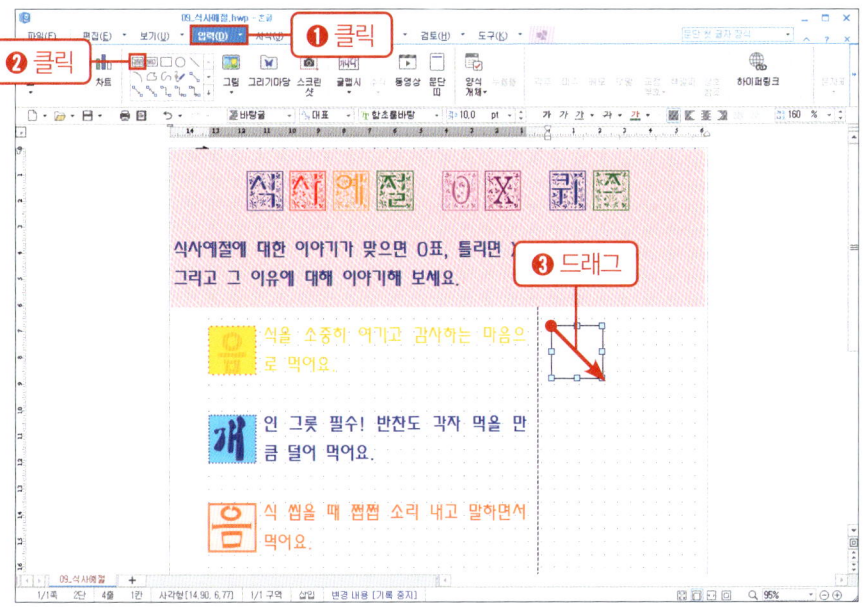

② 삽입된 글상자를 더블클릭하여 [개체 속성] 대화상자가 나타나면 [선] 탭과 [채우기] 탭에서 그림과 같이 서식을 지정한 후 [설정] 단추를 클릭하여 결과를 확인합니다.

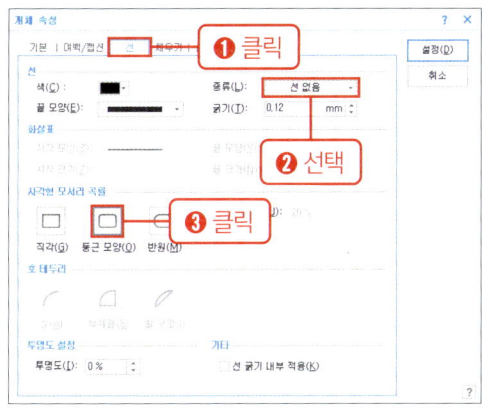 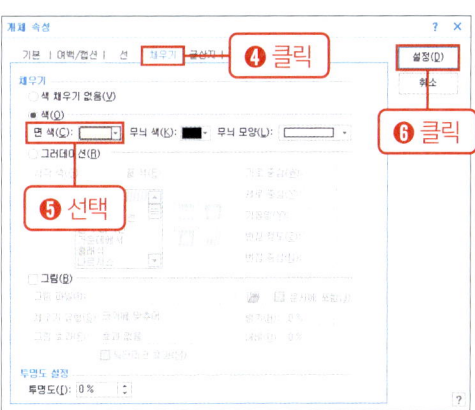

❸ 글상자 안에 'O'를 입력합니다. 이어서 글상자를 선택하고 Ctrl 을 누른 상태로 오른쪽으로 드래그하여 복사한 후 'O'를 'X'로 변경합니다.

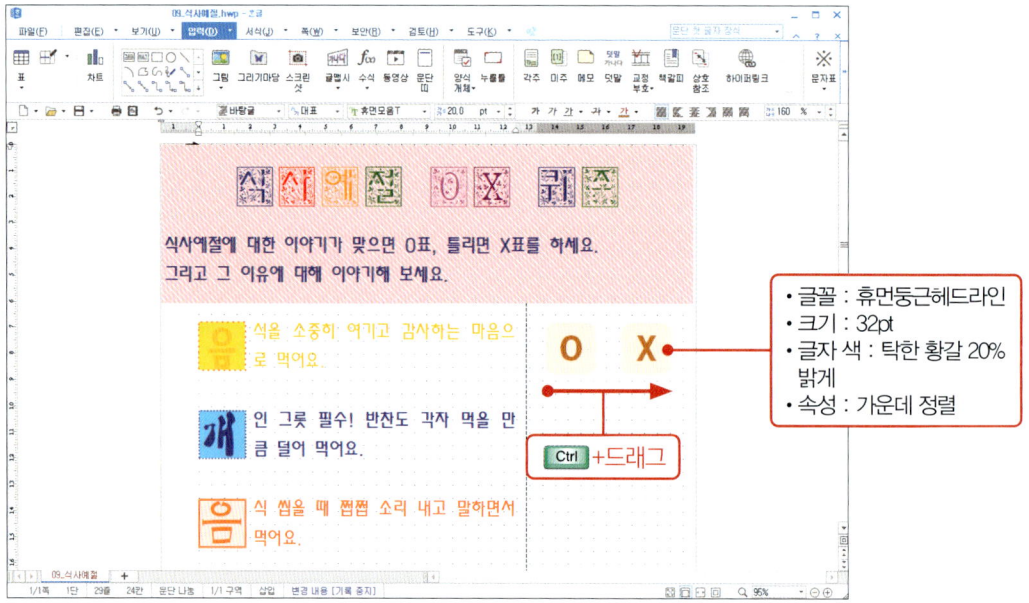

❹ Shift 를 누른 상태로 2개의 글상자를 각각 선택한 후 Ctrl 을 누른 상태로 아래쪽으로 드래그하여 그림과 같이 문서를 완성합니다.

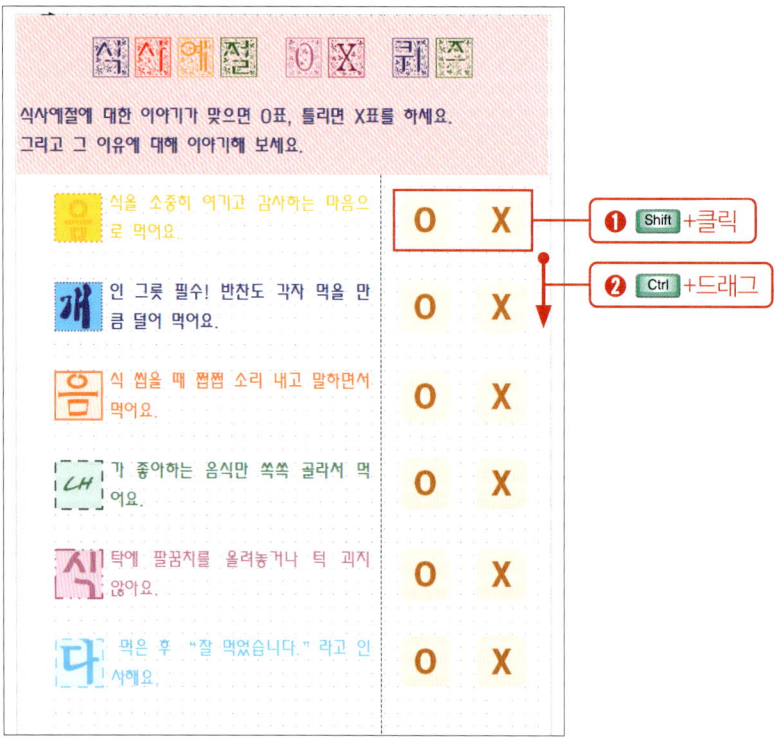

09 혼자 할 수 있어요!

• 예제 파일 : 책표지.jpg
• 완성 파일 : 09_알림장_완성.hwp

01 새 문서에서 편집 용지의 모든 여백을 '0mm'로 지정한 후 '책표지.jpg' 그림을 삽입하고 '맨 뒤로'를 실행해 보세요.

02 3개의 글상자를 삽입하여 그림과 같이 표지를 만들어 보세요.

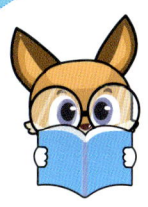

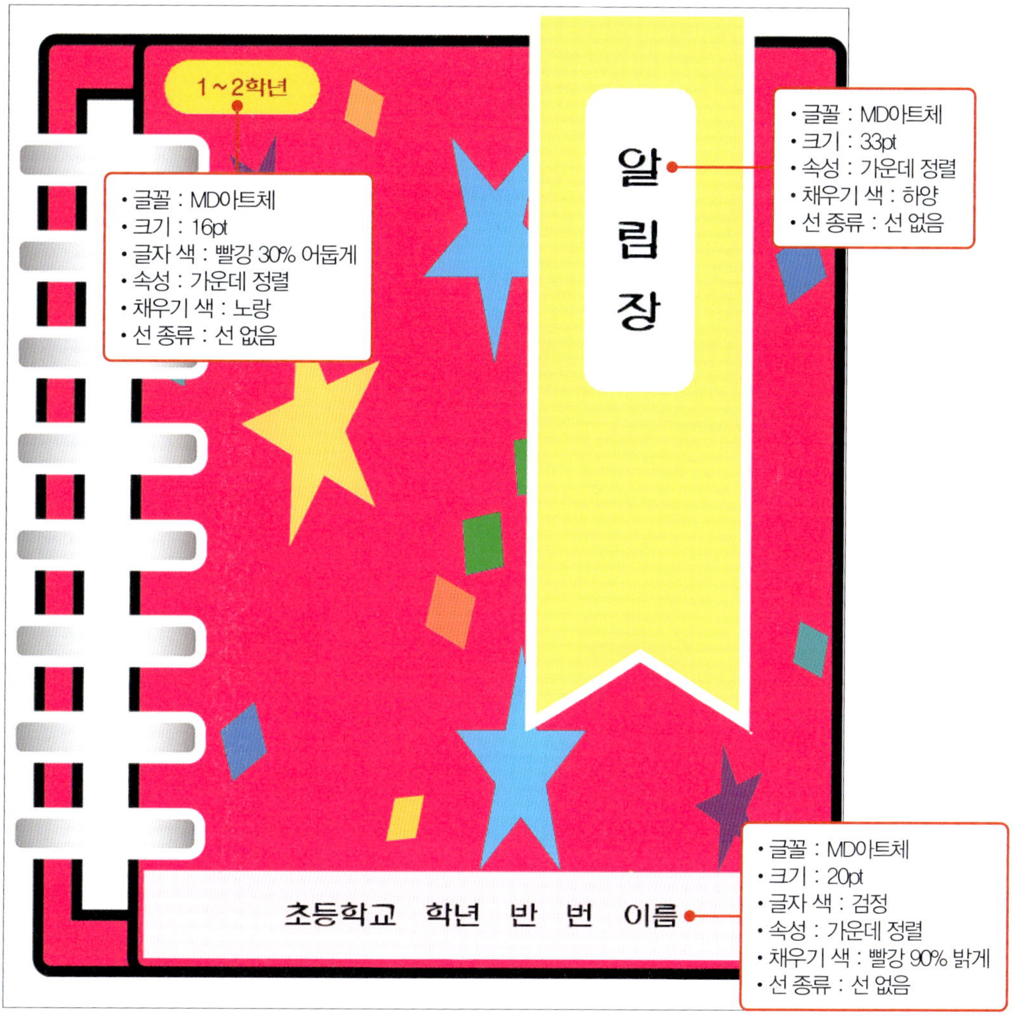

1~2학년
• 글꼴 : MD아트체
• 크기 : 16pt
• 글자 색 : 빨강 30% 어둡게
• 속성 : 가운데 정렬
• 채우기 색 : 노랑
• 선 종류 : 선 없음
알림장
• 글꼴 : MD아트체
• 크기 : 33pt
• 속성 : 가운데 정렬
• 채우기 색 : 하양
• 선 종류 : 선 없음
초등학교 학년 반 번 이름
• 글꼴 : MD아트체
• 크기 : 20pt
• 글자 색 : 검정
• 속성 : 가운데 정렬
• 채우기 색 : 빨강 90% 밝게
• 선 종류 : 선 없음

10 쪽 테두리와 배경 꾸미기

학습목표
- 쪽 테두리와 배경을 꾸며요.
- 그리기 도구로 도형을 그려요.

▶ 예제 파일 : 하트.png
▶ 완성 파일 : 10_음식 그리기_완성.hwp

미션 1 쪽 테두리와 배경을 꾸며 보아요.

① 새 문서를 실행한 후 [쪽] 탭-[쪽 테두리/배경(📄)]을 클릭합니다.

② [쪽 테두리/배경] 대화상자가 나타나면 [배경] 탭에서 [그림]에 체크한 후 [그림 선택(📁)] 단추를 클릭하여 '하트.png' 그림을 선택하고 [넣기] 단추를 클릭합니다.

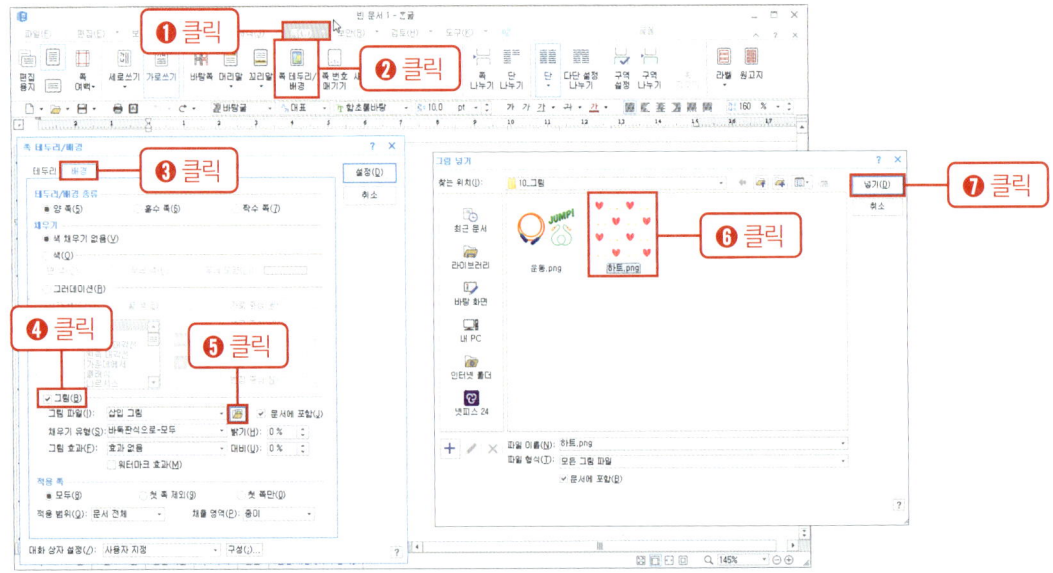

Tip '하트.png' 그림을 삽입하고 [채우기 유형]을 '바둑판식으로-모두'로 선택해요.

❸ [테두리] 탭-[테두리]에서 '종류'와 '굵기'를 그림과 같이 지정한 후 '색' 항목에서 '색 골라내기( )' 단추를 클릭합니다.

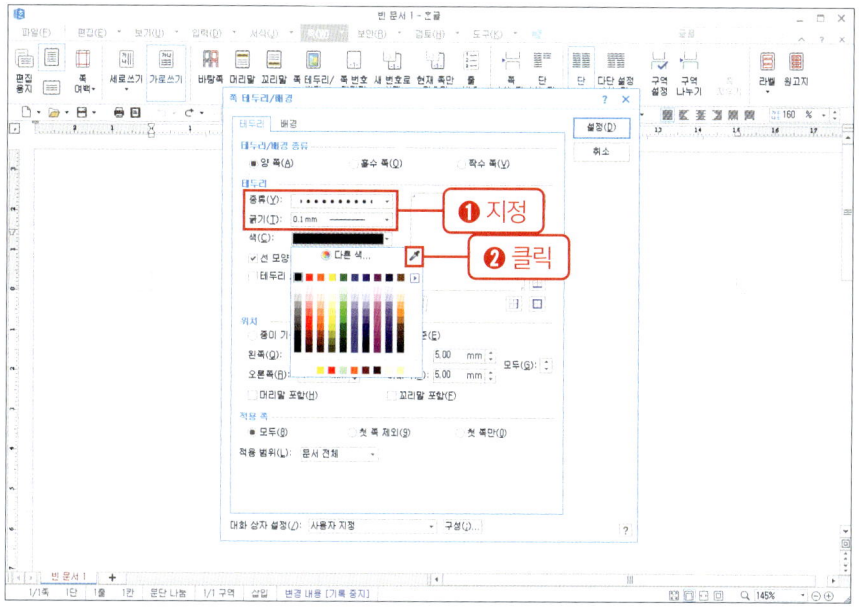

❹ 마우스 포인터 모양이 변경되면 미리 보기의 분홍색 하트를 클릭한 후 '모두( )'를 클릭하고 [설정] 단추를 클릭합니다.

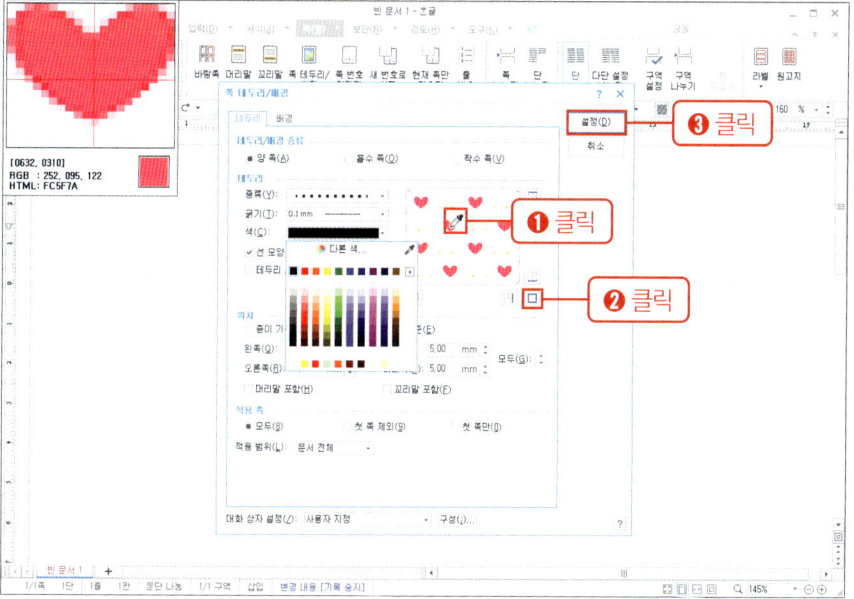

미션 2 도형으로 꾸며 보아요.

1 [입력] 탭-[직사각형(□)] 도형을 클릭하여 마우스 포인터가 '+' 모양으로 바뀌면 그림과 같이 드래그하여 도형을 삽입합니다.

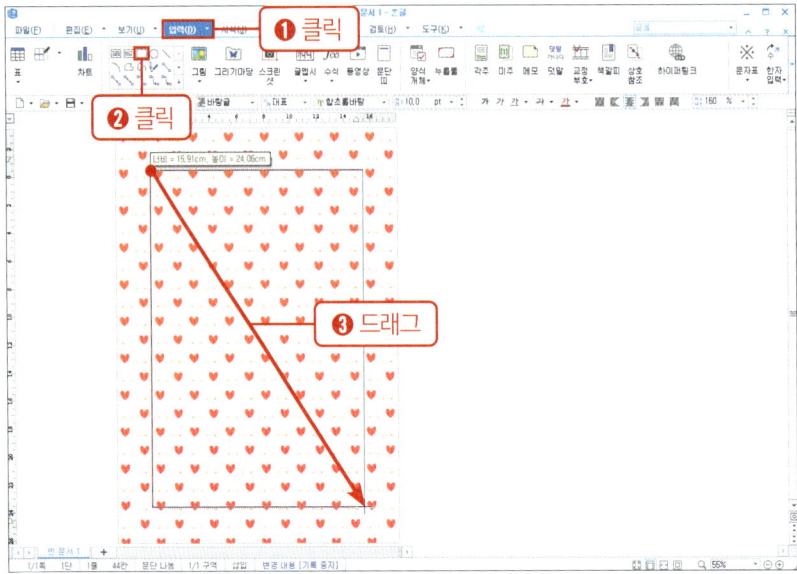

2 삽입된 도형을 더블클릭하여 [개체 속성] 대화상자가 나타나면 [선] 탭에서 종류를 '선 없음'으로 선택하고 [채우기] 탭-[채우기]에서 면 색을 '하양'으로 선택한 후 [설정] 단추를 클릭합니다.

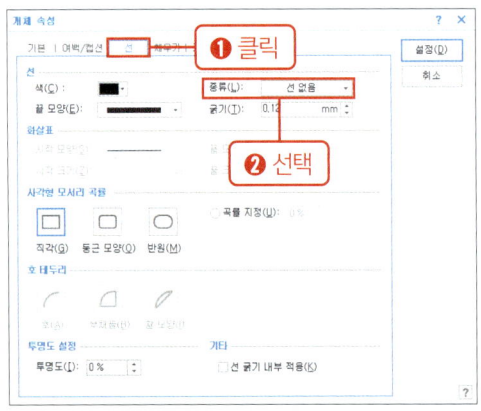 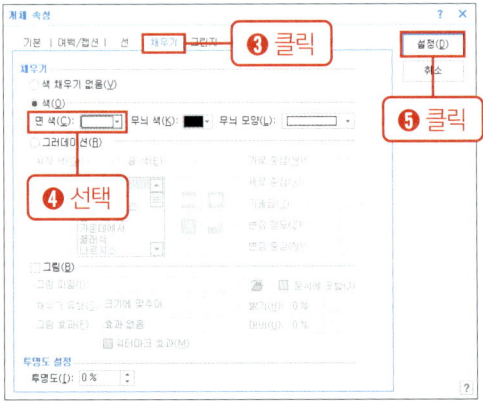

③ [입력] 탭-[가로 글상자(▦)]를 클릭하고 그림과 같이 삽입한 후 도형 서식을 지정합니다.

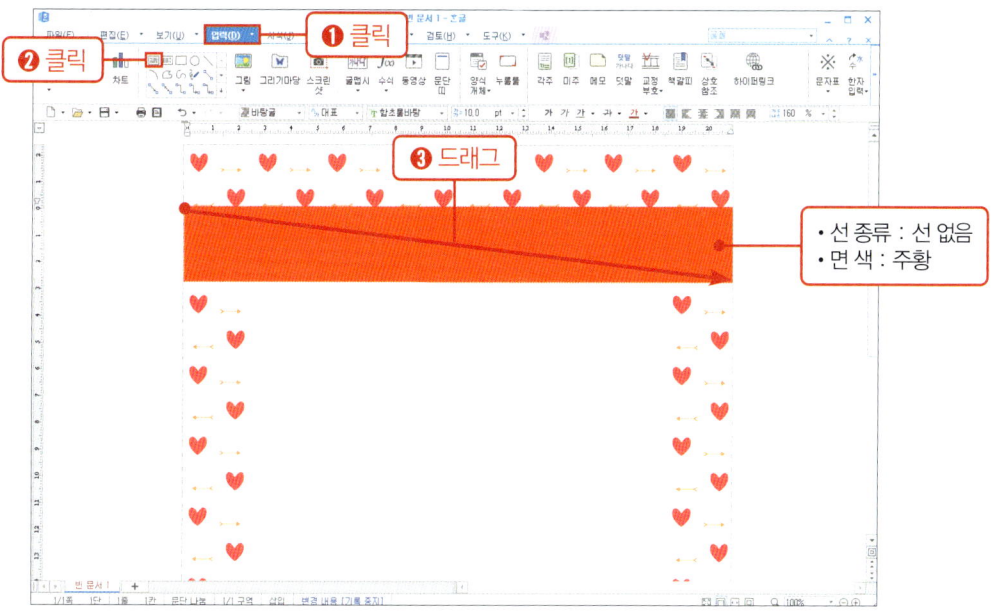

④ 그림과 같이 내용을 입력한 후 글자 서식을 지정합니다.

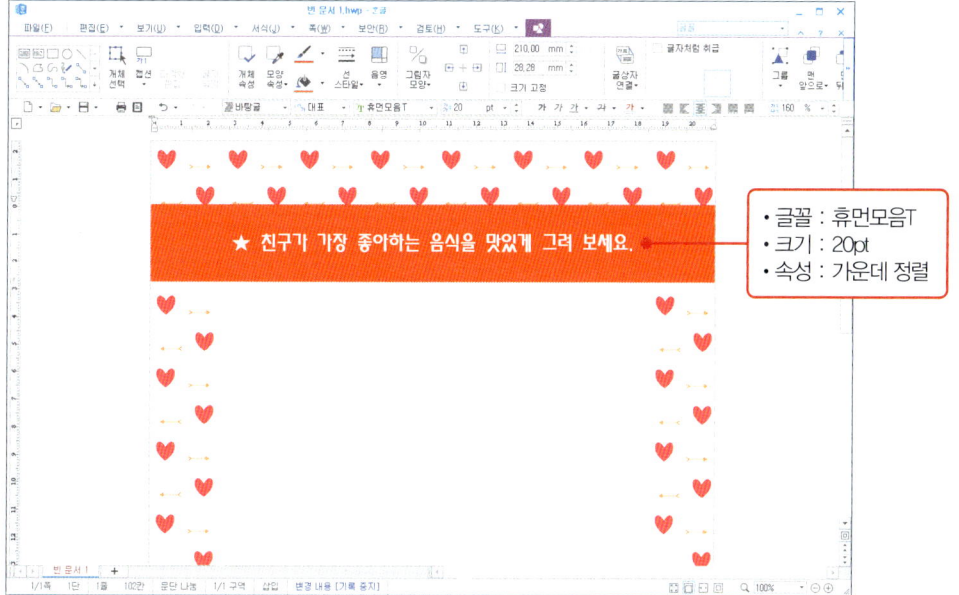

10 혼자 할 수 있어요!

• 예제 파일 : 운동.png
• 완성 파일 : 10_줄넘기연습장_완성.hwp

01 새 문서를 실행한 후 쪽 테두리/배경과 도형, 글상자를 이용하여 그림과 같이 줄넘기 연습장을 완성해 보세요.

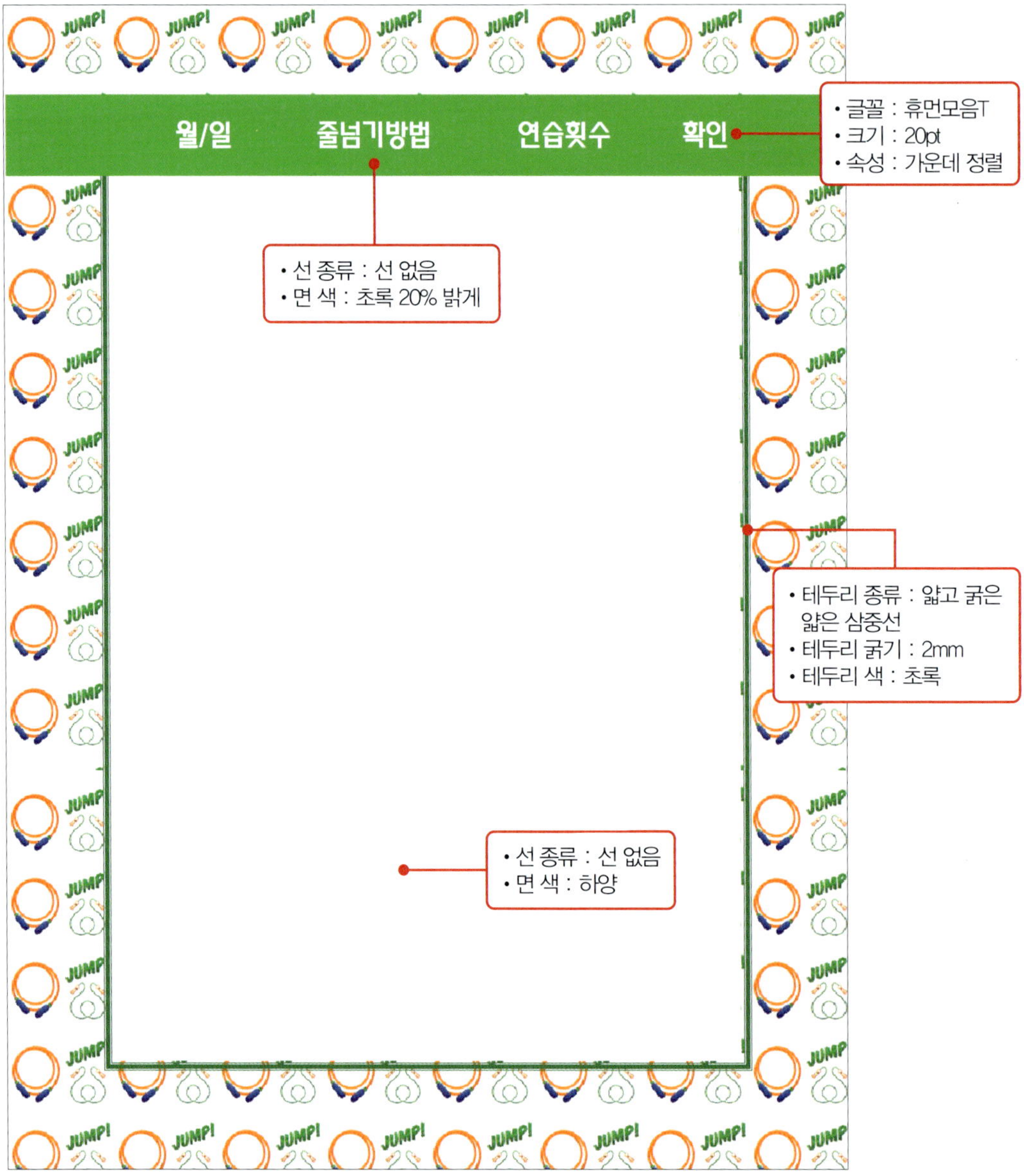

- 글꼴 : 휴먼모음T
- 크기 : 20pt
- 속성 : 가운데 정렬

월/일 　 줄넘기방법 　 연습횟수 　 확인

- 선 종류 : 선 없음
- 면 색 : 초록 20% 밝게

- 테두리 종류 : 얇고 굵은 얇은 삼중선
- 테두리 굵기 : 2mm
- 테두리 색 : 초록

- 선 종류 : 선 없음
- 면 색 : 하양

11 도형에 그림 넣고 회전하기

학습목표
- 도형에 그림을 넣고 회전시켜요.
- 도형의 밝기와 그림자를 지정해요.

▶ 예제 파일 : 11_줄넘기연습장.hwp, 줄넘기.png, 아이.png
▶ 완성 파일 : 11_줄넘기연습장_완성.hwp

미션 1 도형에 그림을 넣고 회전시켜 보아요.

❶ '줄넘기연습장.hwp' 파일을 불러오기 하고 [입력] 탭-[직사각형(□)] 도형을 클릭하여 문서 중앙에 도형을 삽입합니다.

❷ 도형이 삽입되면 도형을 선택한 후  탭에서 너비 '120mm', 높이 '80mm'로 지정합니다.

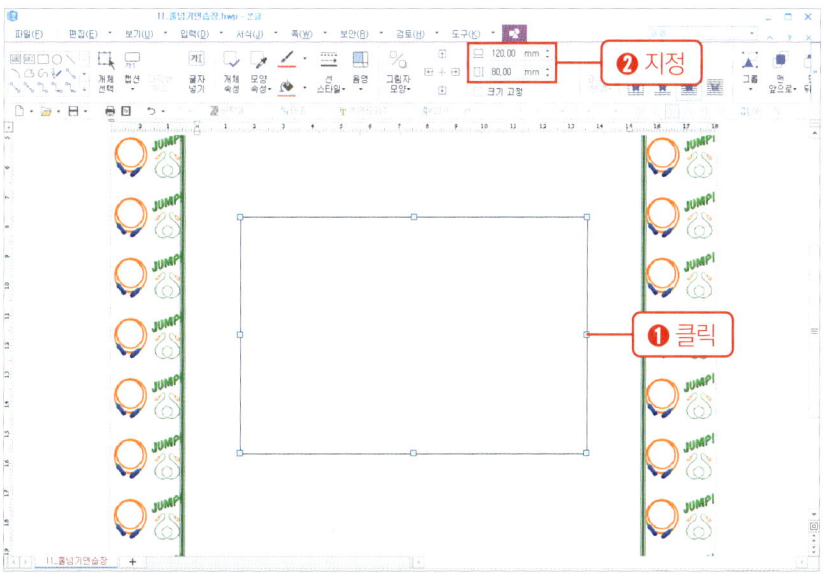

❸ 도형을 더블클릭하여 [개체 속성] 대화상자가 나타나면 [선] 탭에서 선 종류를 '선 없음'으로 지정하고 [채우기] 탭에서 [그림]에 체크한 후 [그림 선택(📁)] 단추를 클릭하여 '줄넘기.png' 그림을 선택하고 [넣기] 단추를 클릭합니다.

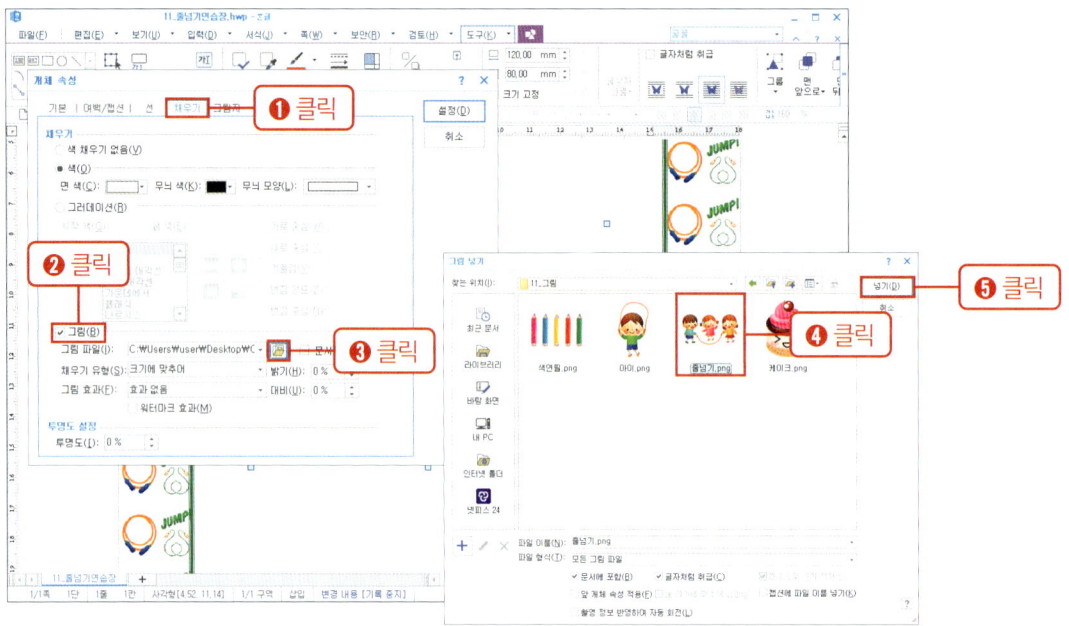

❹ 이어서 채우기 유형을 '크기에 맞추어'로, 투명도를 '60%'로 지정한 후 [설정] 단추를 클릭합니다.

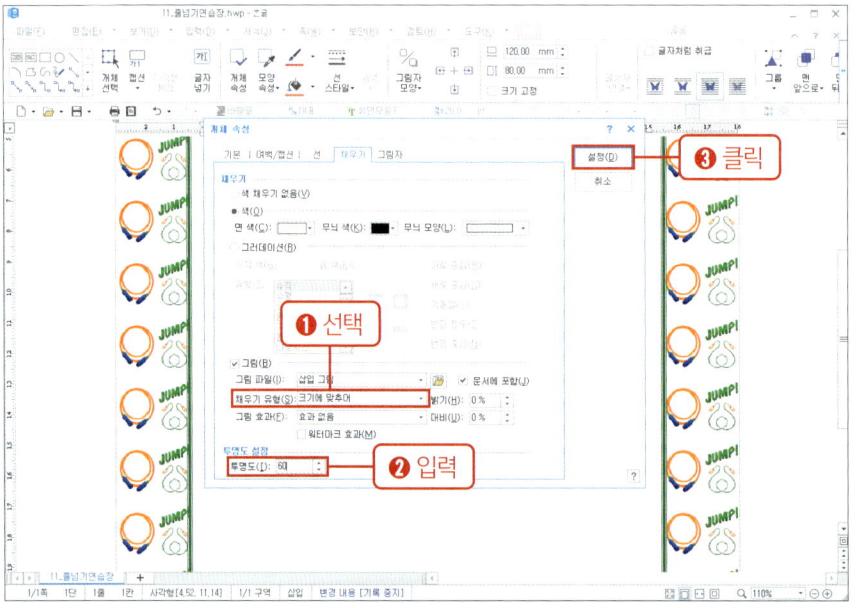

5 '줄넘기.png' 그림을 선택하고 [🖼] 탭-[회전(◎)]-[개체 회전]을 클릭한 후 마우스 포인터를 조절점에 가져다대어 검정색 회전 조절점(◎)이 나타나면 회전 조절점을 드래그하여 그림과 같이 회전시킵니다.

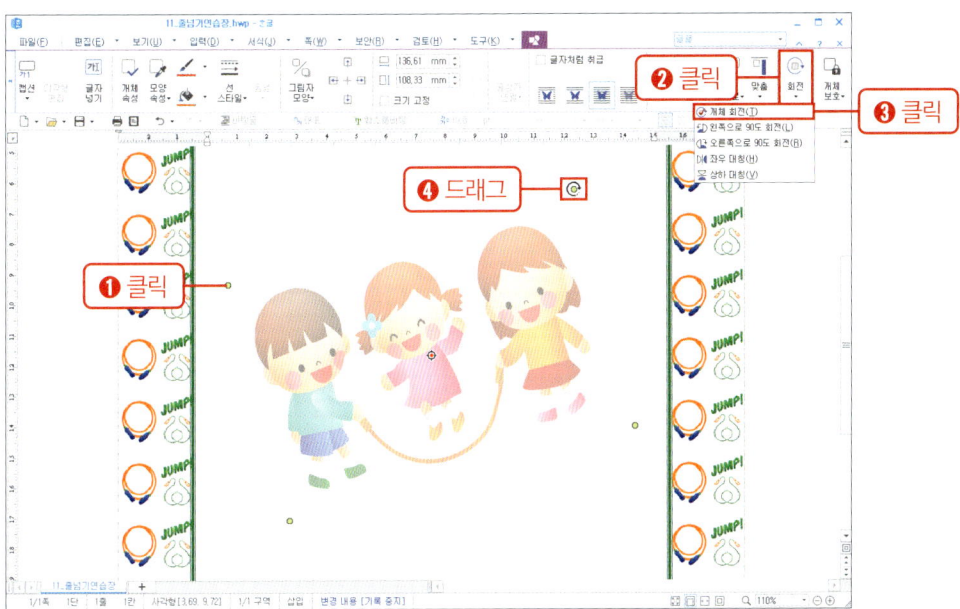

6 [파일] 탭-[미리 보기]를 클릭하여 문서 중앙에 그림이 삽입된 것을 확인합니다.

미션 2 도형의 밝기와 그림자를 지정해 보아요.

1 [입력] 탭-[타원(○)] 도형을 클릭하여 문서 하단에 도형을 삽입한 후 [🖼] 탭-[선 색(✏)]-[주황]을 선택합니다.

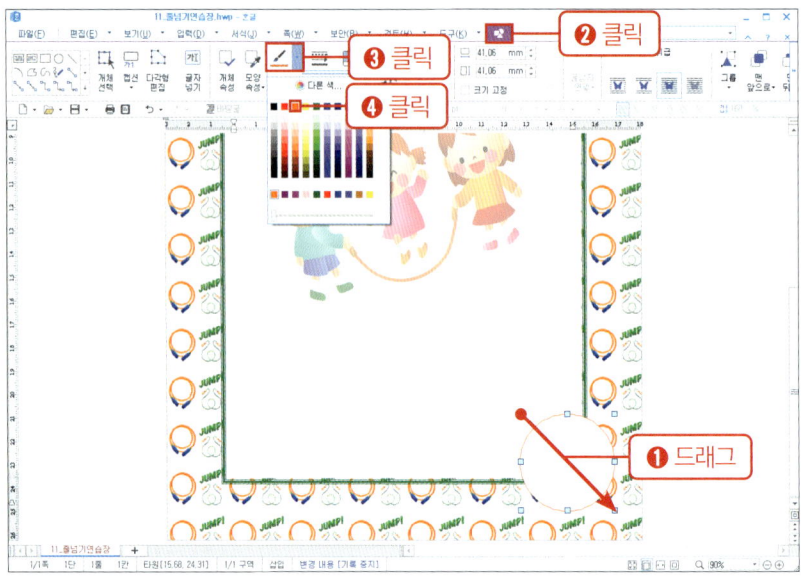

2 '타원' 도형을 더블클릭하여 [개체 속성] 대화상자가 나타나면 [채우기] 탭에서 [그림]에 체크하고 [그림 선택(📁)] 단추를 클릭하여 '아이.png' 그림을 삽입한 후 채우기 유형을 '크기에 맞추어'로, 밝기를 '30%'로 지정합니다.

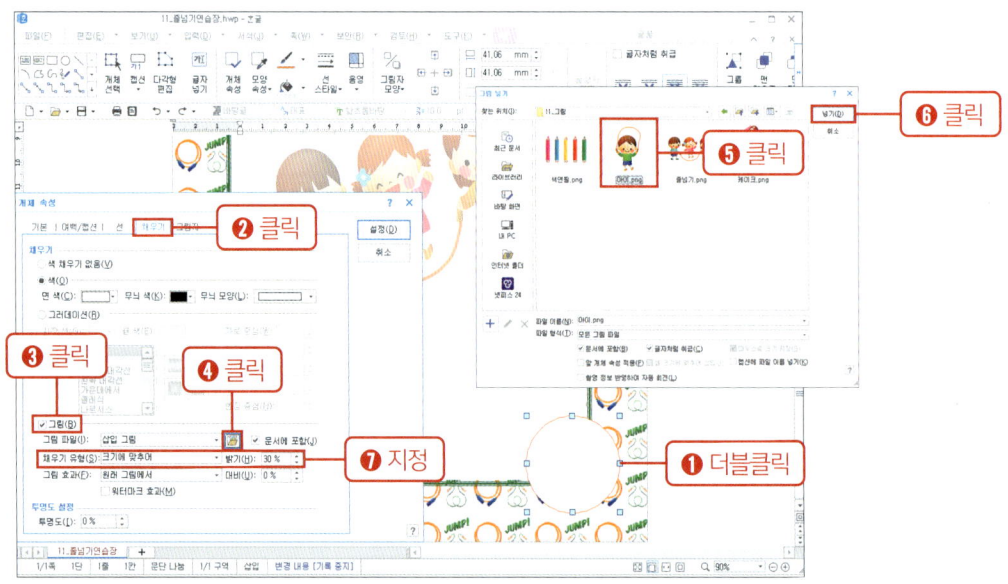

❸ [그림자] 탭-[종류]에서 '오른쪽 위'를 선택하고 [그림자]에서 그림자 색을 '초록 90% 밝게'로 지정한 후 [설정] 단추를 클릭합니다.

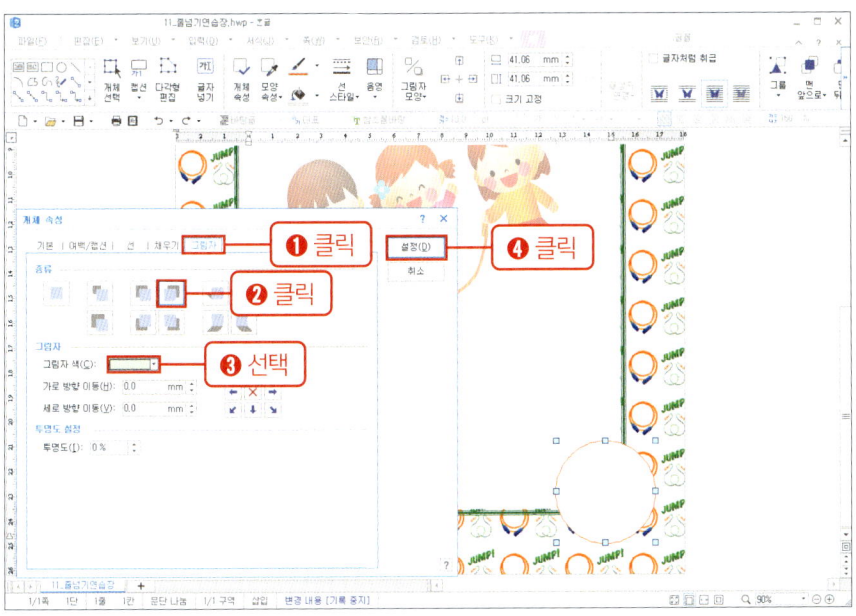

❹ [파일] 탭-[미리 보기]를 클릭하여 '줄넘기연습장'이 완성된 것을 확인합니다.

11 혼자 할 수 있어요!

• 예제 파일 : 11_음식 그리기.hwp, 케이크.png, 색연필.png
• 완성 파일 : 11_음식 그리기_완성.hwp

01 도형에 그림 넣기 기능을 이용하여 그림과 같이 그림 연습장을 완성해 보세요.

★ 친구가 가장 좋아하는 음식을 맛있게 그려보세요.

도형('타원')
• 선 종류 : 선 없음
• 채우기 유형 : 크기에 맞추어
• 투명도 : 30%

도형('직사각형')
• 선 종류 : 실선
• 선 색 : 빨강
• 굵기 : 1.00mm
• 사각형 모서리 곡률 : 둥근 모양
• 채우기 유형 : 크기에 맞추어
• 그림자 : 왼쪽 뒤
• 그림자 색 : 보라 90% 밝게

12 도형에 그러데이션 지정하기

- 도형에 그러데이션을 지정해요.
- 여러 도형을 하나의 도형으로 묶어요.

▶ 예제 파일 : 12_키오스크.hwp, 햄버거.png
▶ 완성 파일 : 12_키오스크_완성.hwp

미션 1 도형에 그러데이션을 지정해 보아요.

① '키오스크.hwp' 파일을 불러오기 하고 '타원' 도형을 더블클릭하여 [개체 속성] 대화상자가 나타나면 [채우기] 탭에서 [그림]에 체크하고 [그림 선택(📁)] 단추를 클릭하여 '햄버거.png' 그림을 삽입합니다.

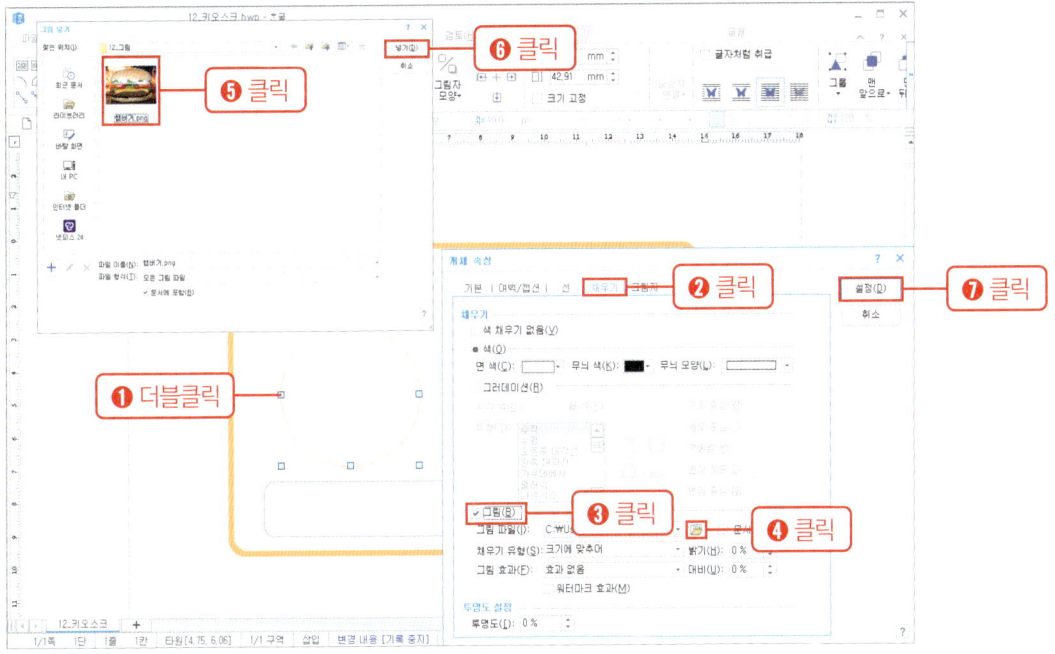

❷ 이어서 왼쪽 '직사각형' 도형을 더블클릭하여 [개체 속성] 대화상자가 나타나면 [채우기] 탭에서 [그러데이션]을 클릭하고 유형을 '하늬바람'으로 선택한 후 [설정] 단추를 클릭합니다.

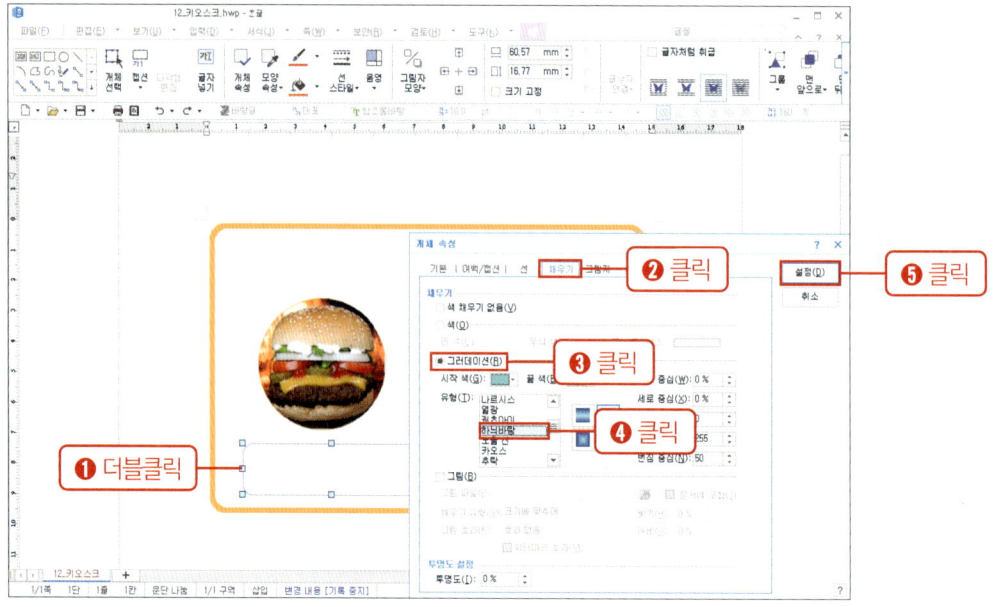

❸ 오른쪽 '직사각형' 도형을 더블클릭하여 [개체 속성] 대화상자가 나타나면 [채우기] 탭에서 [그러데이션]을 클릭하고 유형을 '열광', '원형(2)'로 선택한 후 [설정] 단추를 클릭합니다.

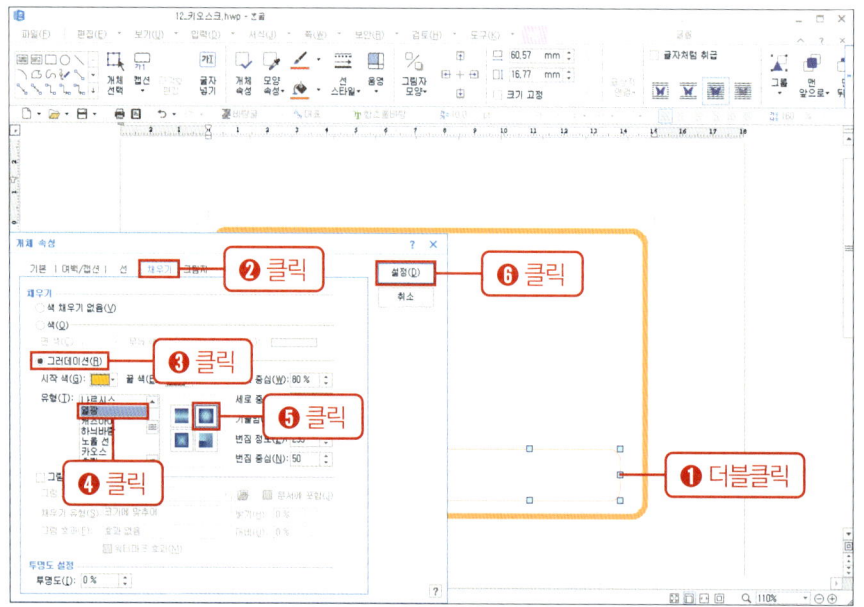

 **여러 도형을 하나의 개체로 묶어 보아요.**

① [입력] 탭-[가로 글상자(▭)]를 클릭하여 글상자를 삽입한 후 그림과 같이 내용을 입력하고 서식을 지정합니다.

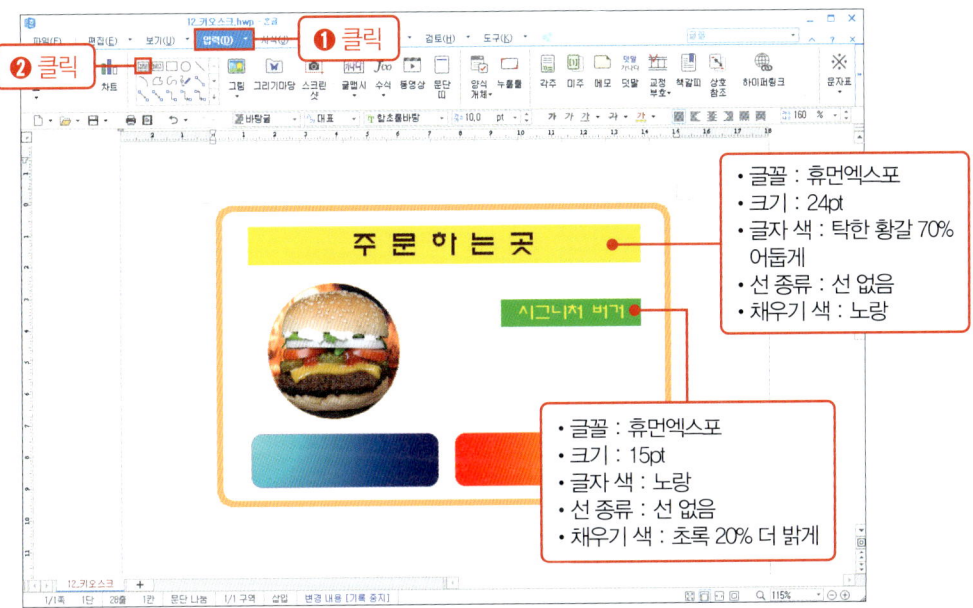

② ①과 같은 방법으로 '가로 글상자'를 이용하여 그림과 같이 내용을 입력합니다.

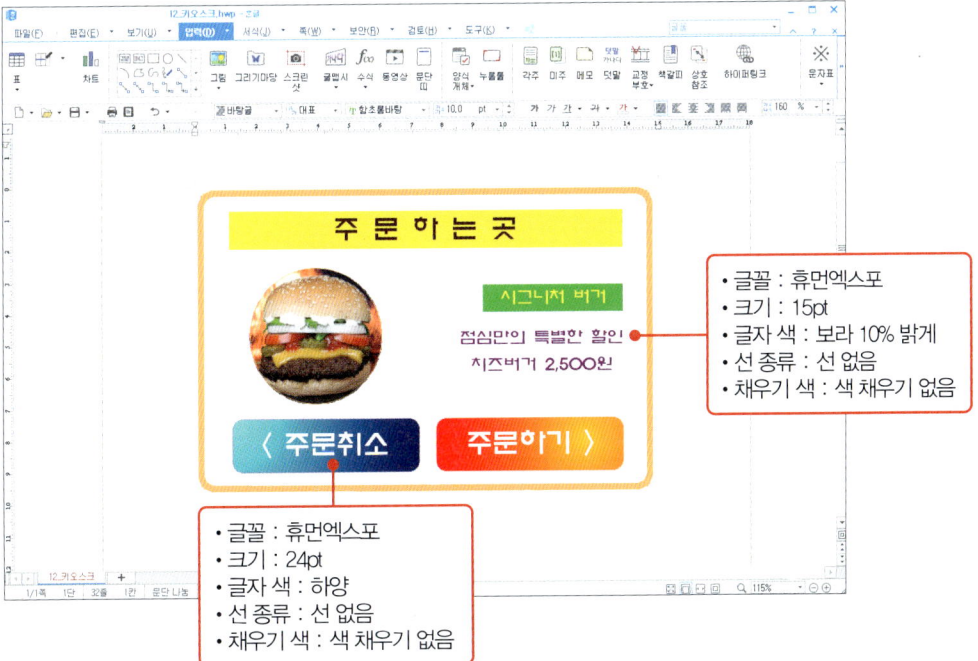

③ [입력] 탭-[곡선(◠)]을 클릭하여 그림과 같이 곡선을 그립니다.

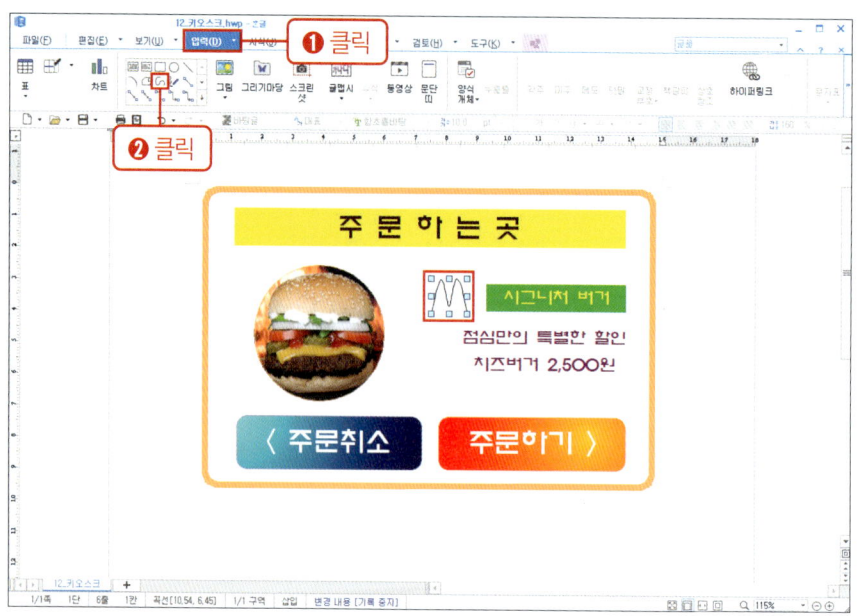

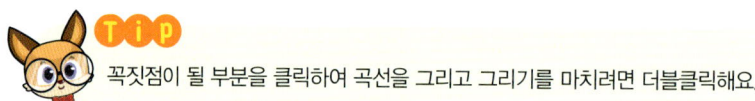

꼭짓점이 될 부분을 클릭하여 곡선을 그리고 그리기를 마치려면 더블클릭해요.

④ '곡선' 도형을 더블클릭하여 [개체 속성] 대화상자가 나타나면 [선] 탭에서 그림과 같이 서식을 지정한 후 [설정] 단추를 클릭합니다.

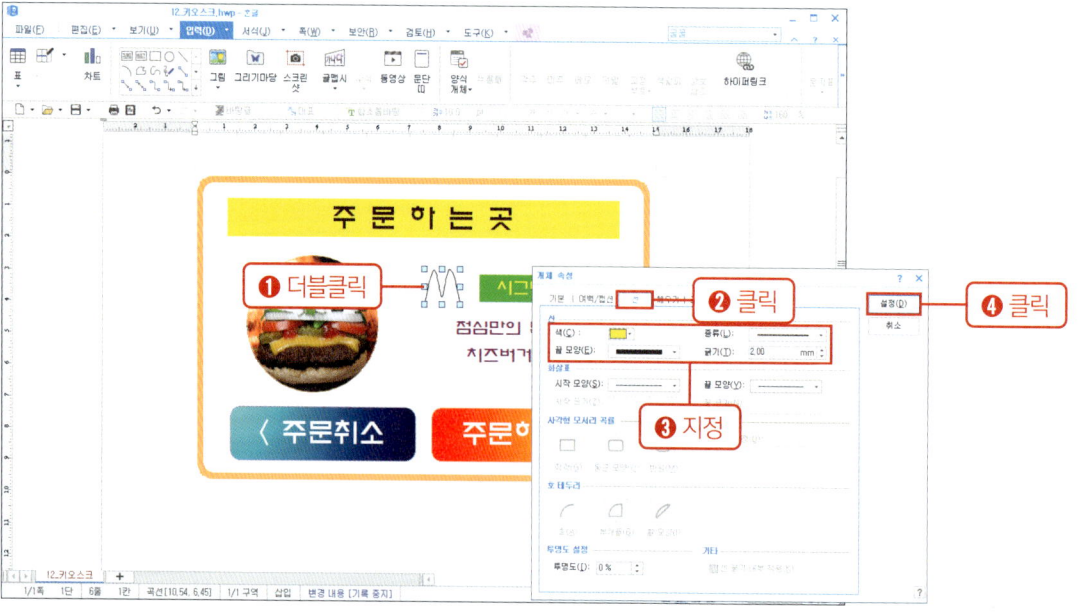

5 [🖼] 탭-[개체 선택(🔲)]을 클릭한 후 그림과 같이 드래그하여 모든 도형을 선택합니다.

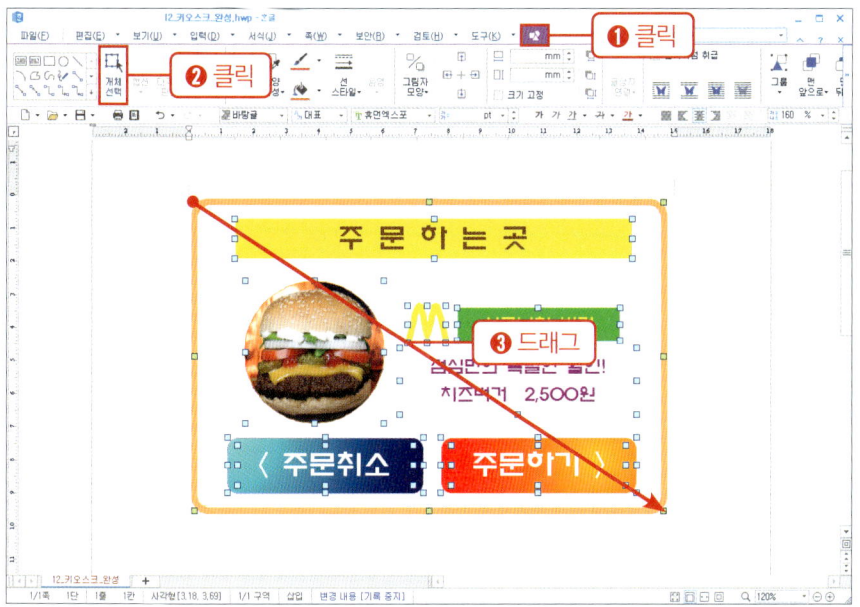

6 [🖼] 탭-[그룹(🔺)]-[개체 묶기]를 클릭하여 하나의 도형을 만듭니다.

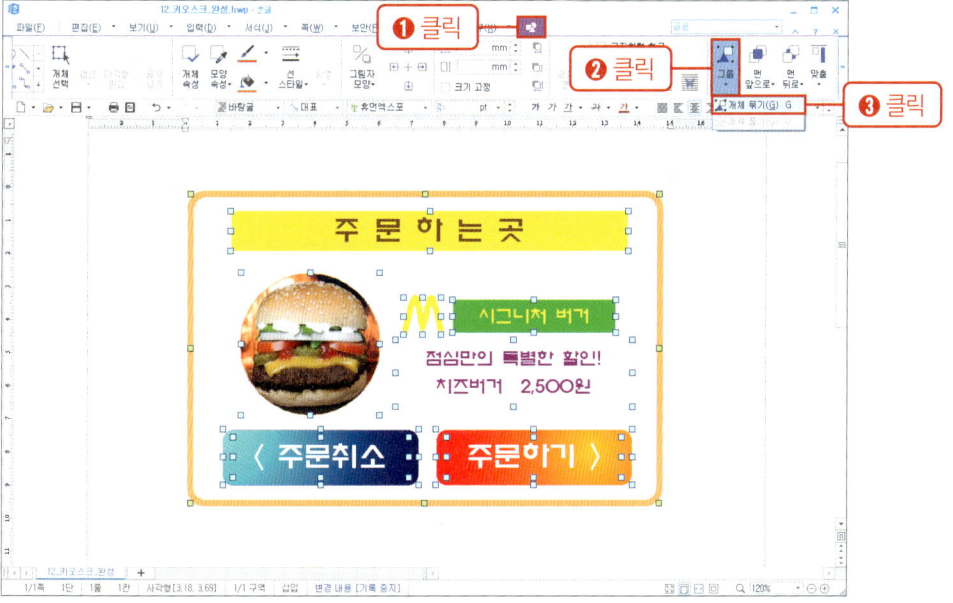

12   혼자 할 수 있어요!

• 예제 파일 : 12_가게.hwp
• 완성 파일 : 12_가게_완성.hwp

01 예제 파일을 불러와 직사각형 도형에 그림과 같이 그러데이션 효과를 지정해 보세요.

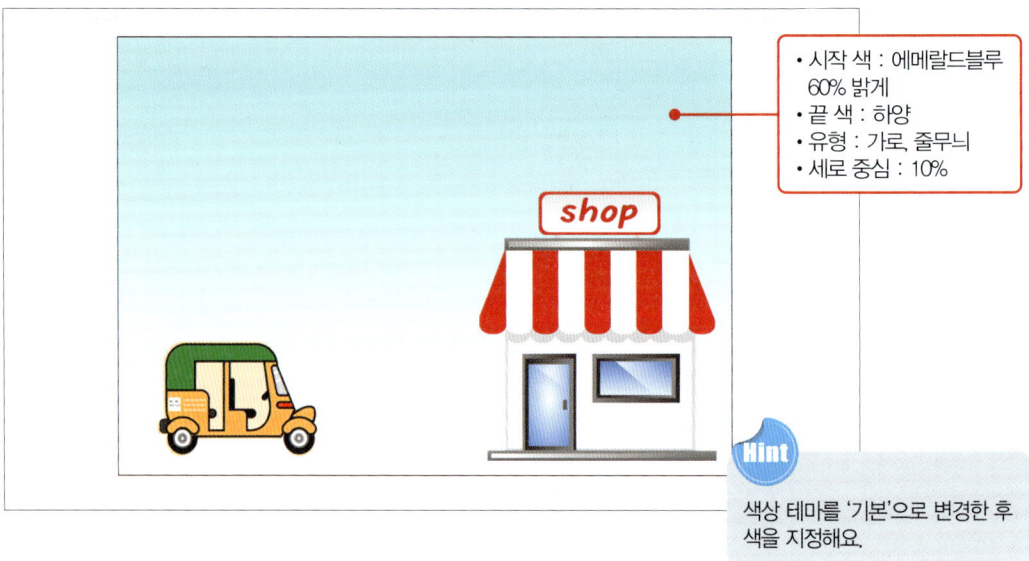

• 시작 색 : 에메랄드블루 60% 밝게
• 끝 색 : 하양
• 유형 : 가로, 줄무늬
• 세로 중심 : 10%

Hint 색상 테마를 '기본'으로 변경한 후 색을 지정해요.

02 자유선을 이용하여 구름을 그리고 그림과 같이 그러데이션 효과를 지정한 후 모든 도형을 하나의 개체로 묶어 보세요.

• 선 종류 : 선 없음
• 시작 색 : 하양
• 끝 색 : 하양 15% 어둡게
• 유형 : 줄무늬

13 표 만들고 계산하기

학습목표
- 표를 만들고 표 스타일을 지정해요.
- 표 크기를 지정하고 합계를 구해요.

▶ 예제 파일 : 13_그리기 대회.hwp
▶ 완성 파일 : 13_그리기 대회_완성.hwp

미션 1 표를 만들고 표 스타일을 지정해 보아요.

 '그리기 대회.hwp' 파일을 불러오기 한 후 제목 아랫줄을 클릭하여 표가 삽입될 위치를 지정합니다.

② [입력] 탭-[표(▦)]를 클릭하여 [표 만들기] 대화상자가 나타나면 '줄 수 : 6', '칸 수 : 5'로 지정하고 [글자처럼 취급]에 체크한 후 [만들기] 단추를 클릭합니다.

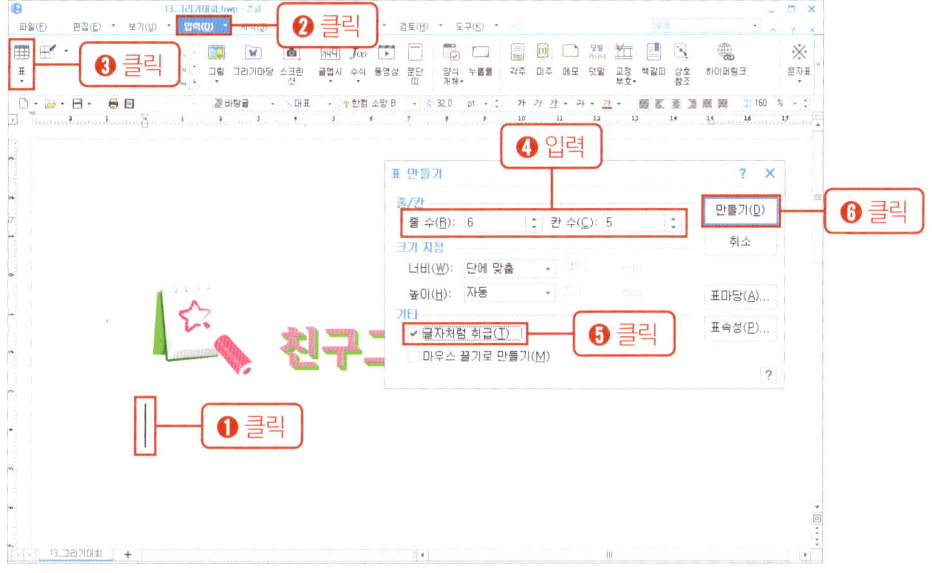

❸ 표가 삽입되면 그림과 같이 내용을 입력합니다.

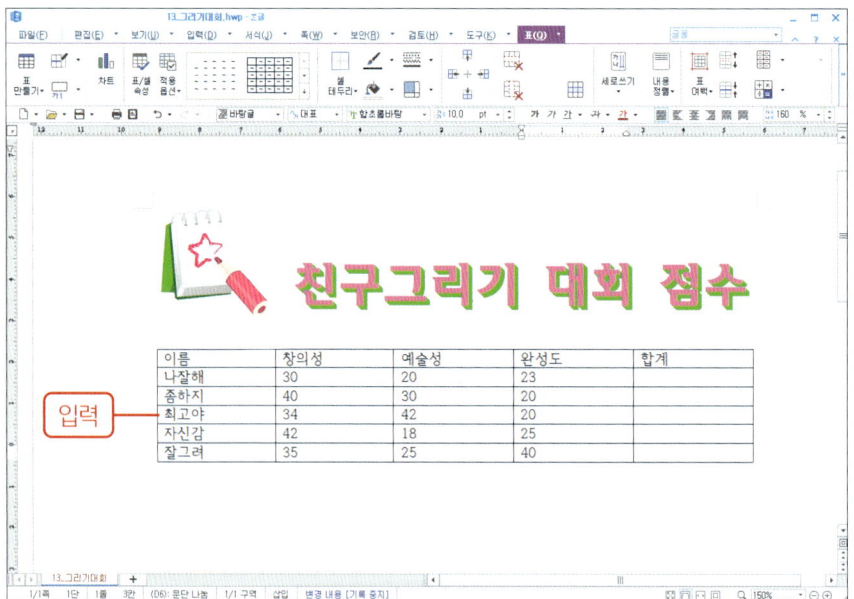

❹ 표를 선택한 후 [표] 탭에서 '밝은 스타일 3 - 분홍 색조'를 클릭합니다.

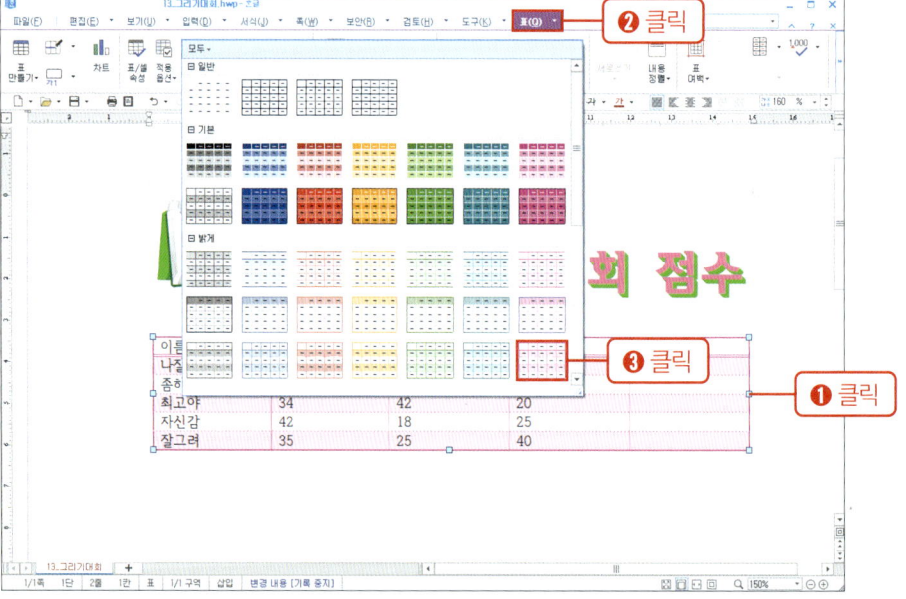

 **미션 2** 표 크기를 지정하고 블록 합계를 구해 보아요.

① 표의 마지막 줄에 마우스 포인터를 가져다 대고 포인터 모양이 바뀌면 아래쪽으로 드래그하여 그림과 같이 셀의 높이를 늘립니다.

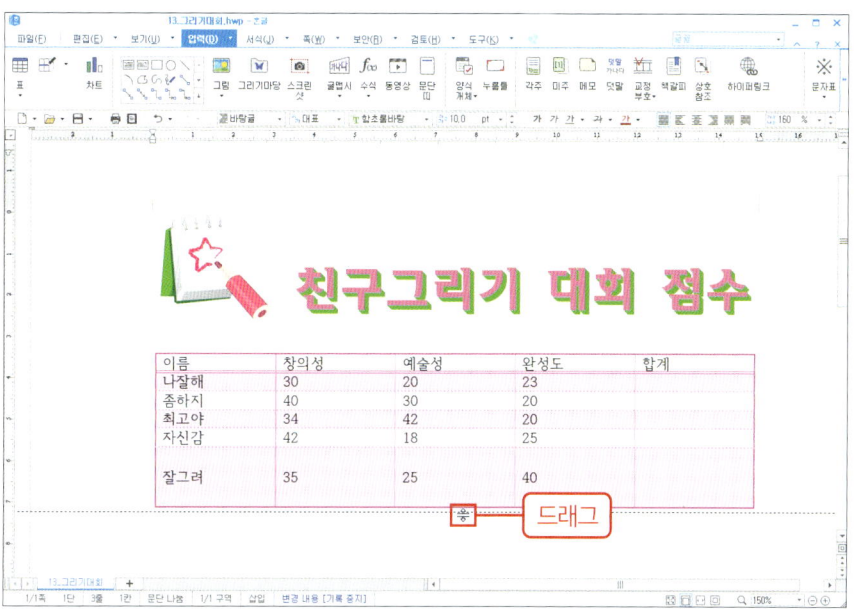

② 표 영역을 전체 드래그하여 블록 지정한 후 [표] 탭-[셀 높이 같게(田)]를 클릭하여 셀의 높이를 통일시킵니다.

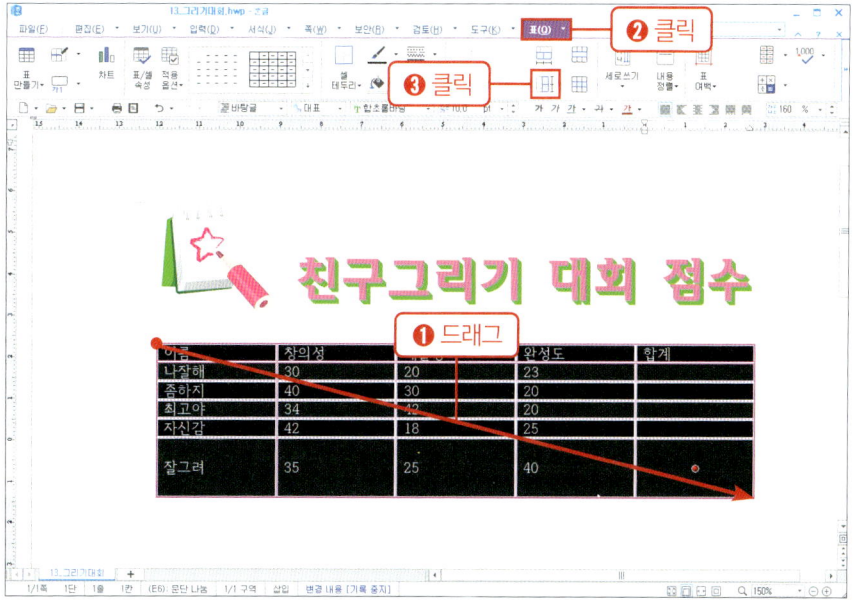

❸ 다시 표 전체 영역을 드래그하여 블록 지정한 후 서식 도구 상자에서 글자 서식을 지정합니다.

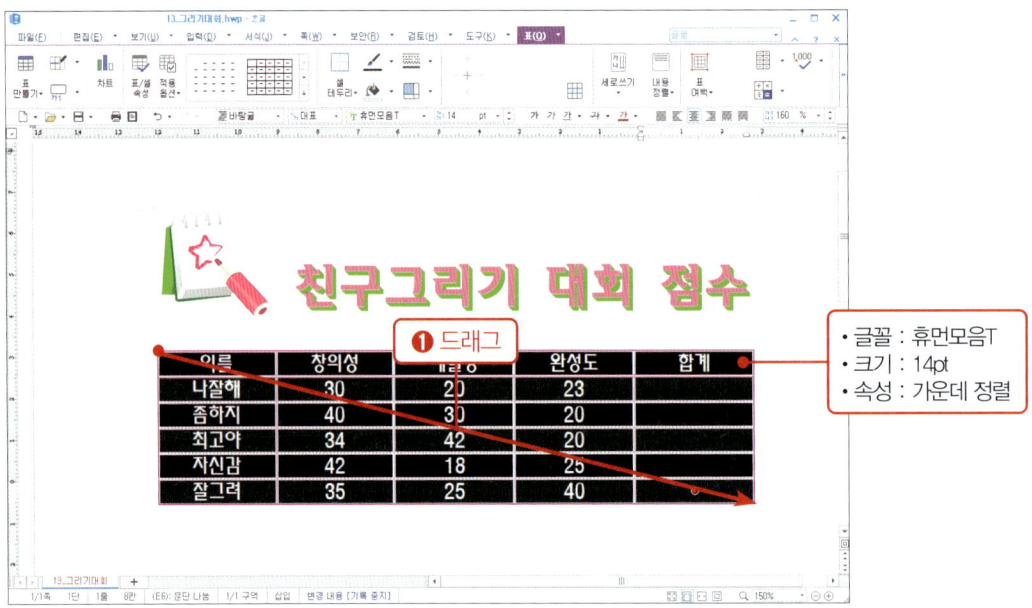

❹ 점수 영역만 블록 지정한 후 [표] 탭-[계산식(圖)]-[블록 합계]를 클릭합니다.

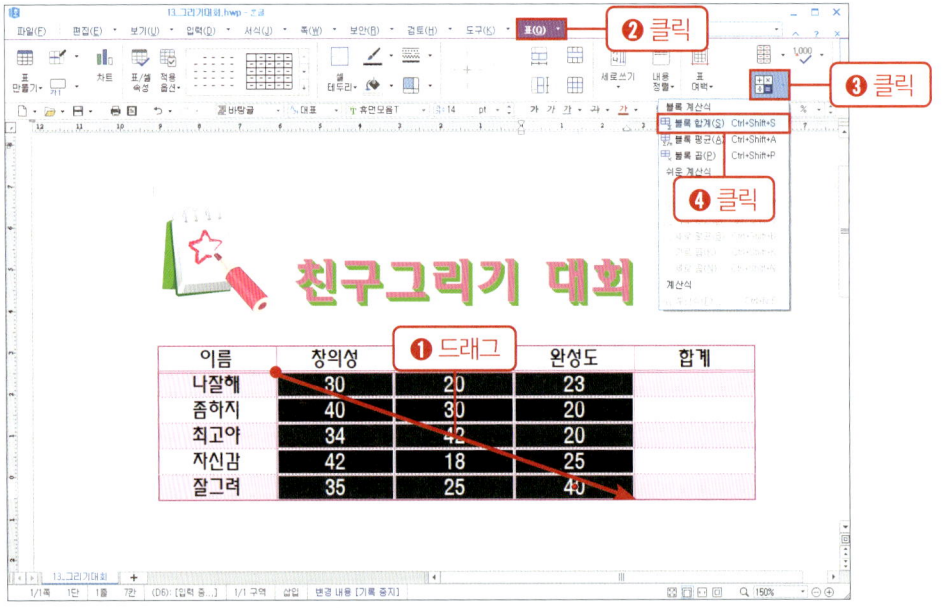

13 혼자 할 수 있어요!

01 예제 파일을 불러와 표 만들기를 이용하여 그림과 같이 표를 만들고 블록 합계를 구해 보세요.

• 예제 파일 : 13_줄넘기왕.hwp
• 완성 파일 : 13_줄넘기왕_완성.hwp

줄넘기왕 뽑기 대회 결과

이름	1차	2차	3차	4차	5차	합계
나잘해	123	150	130	142	135	680
힘들어	80	50	90	40	46	306
좀하지	130	120	112	100	104	566
구경해	42	53	48	15	65	223
최고야	150	137	142	189	187	805
자신감	135	130	146	153	140	704

• 표 스타일 : 밝은 스타일 2 - 노란 색조
• 글꼴 : HY강B
• 크기 : 12pt
• 속성 : 가운데 정렬

02 예제 파일을 불러와 표 만들기를 이용하여 그림과 같이 표를 만들고 블록 평균을 구해 보세요.

• 예제 파일 : 13_타자경진대회 결과.hwp
• 완성 파일 : 13_타자경진대회 결과_완성.hwp

타자경진대회 결과

이름	1차	2차	3차	4차	5차	평균
열심히	102	110	120	142	135	121.80
독수리	80	52	40	40	46	51.60
좀하지	130	120	112	100	104	113.20
왕초보	42	53	48	55	65	52.60
어떡해	100	121	132	188	167	141.60
실수해	105	131	56	55	97	88.80

• 표 스타일 : 밝은 스타일 3 - 초록 색조
• 글꼴 : 휴먼모음T
• 크기 : 14pt
• 속성 : 가운데 정렬

14 셀 속성으로 표 꾸미기

학습목표
- 셀의 배경색을 지정해요.
- 셀의 테두리 색과 테두리 모양을 지정해요.

▶ 예제 파일 : 14_일정표.hwp
▶ 완성 파일 : 14_일정표_완성.hwp

 셀의 배경색을 지정해 보아요.

❶ '일정표.hwp' 파일을 불러오기 한 후 표의 첫 번째 줄을 드래그하여 블록 지정합니다.

❷ 이어서 [표] 탭-[셀 배경 색(🎨)]-[다른 색]을 클릭합니다.

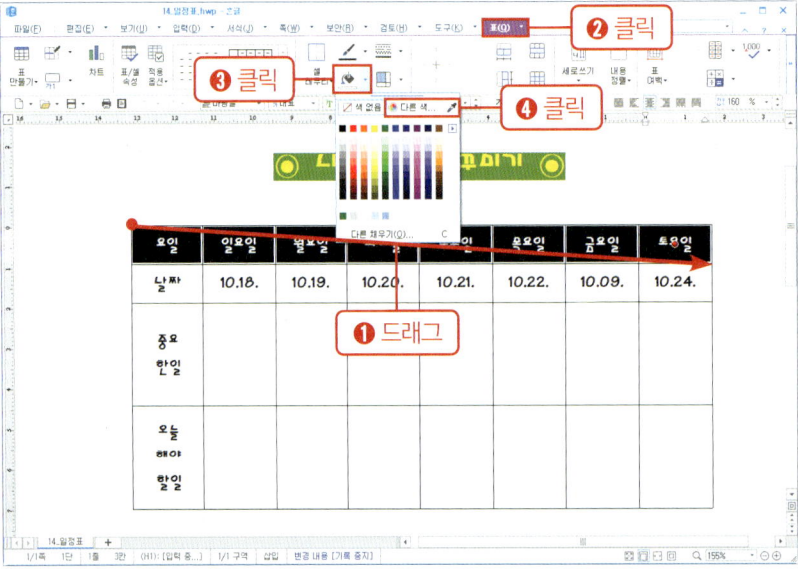

③ [색] 대화상자가 나타나면 [팔레트] 탭의 색상 창에서 원하는 색을 선택한 후 [설정] 단추를 클릭합니다.

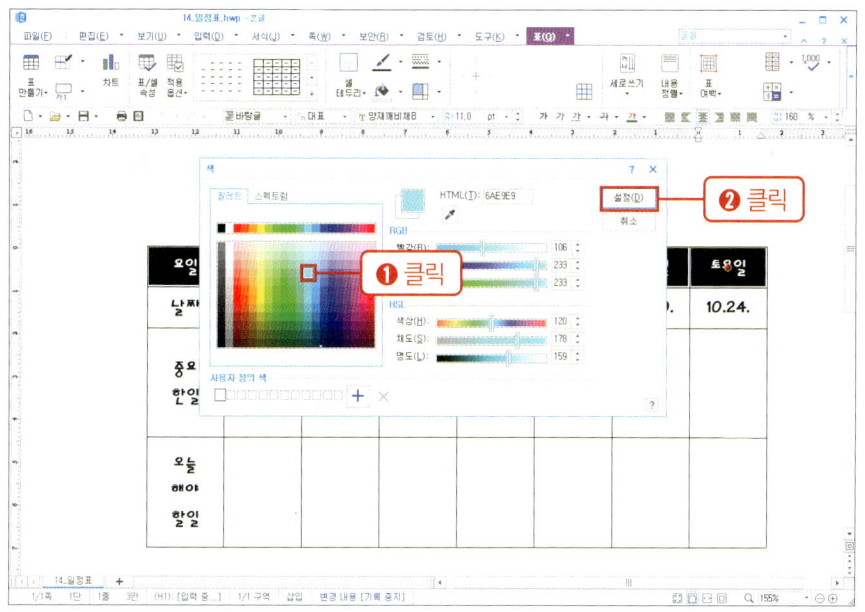

④ ②~③과 같은 방법으로 표의 세 번째 줄을 블록 지정한 후 [표] 탭-[셀 배경 색(🎨)]을 클릭하여 첫 번째 줄 색과 같은 색을 지정합니다.

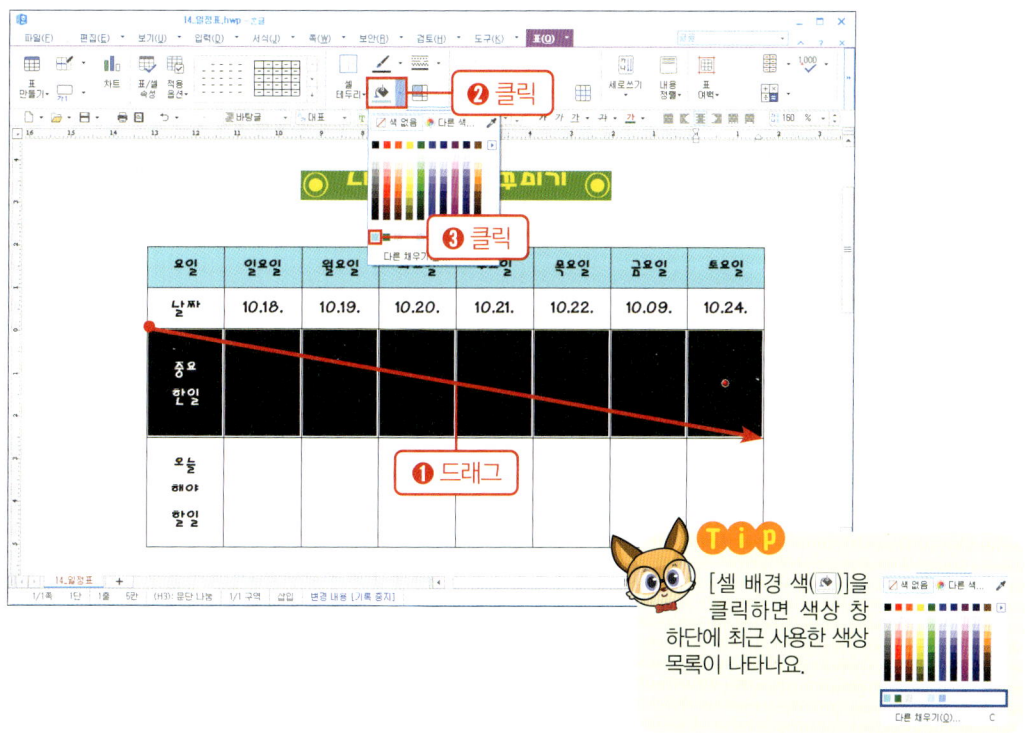

Tip
[셀 배경 색(🎨)]을 클릭하면 색상 창 하단에 최근 사용한 색상 목록이 나타나요.

 **미션 2** 셀의 테두리 색과 테두리 모양을 지정해 보아요.

❶ 표의 첫 번째 줄을 블록 지정한 후 [표] 탭-[셀 테두리 색(✎)]-[파랑]을 클릭합니다.

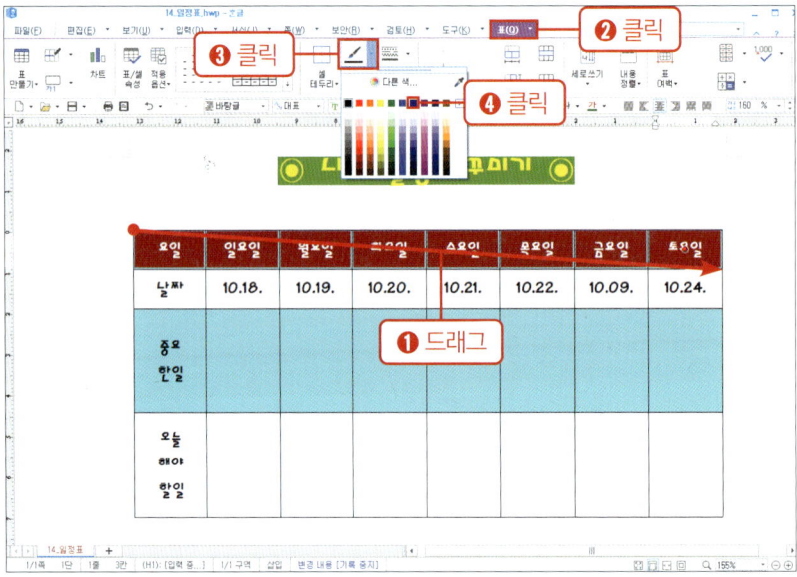

❷ [셀 테두리 모양/굵기(▦)]-[셀 테두리 모양]을 클릭하여 그림과 같이 테두리 모양을 지정합니다.

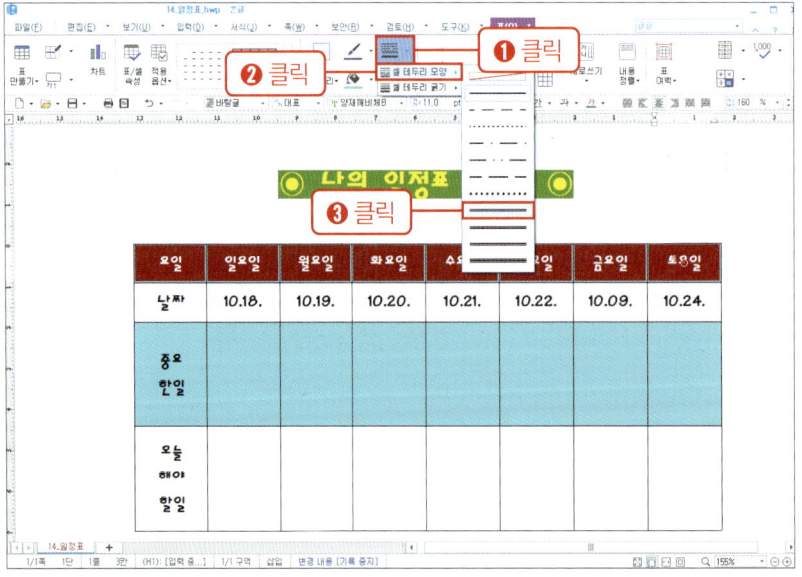

❸ 이어서 [셀 테두리(□)]-[아래]를 클릭합니다.

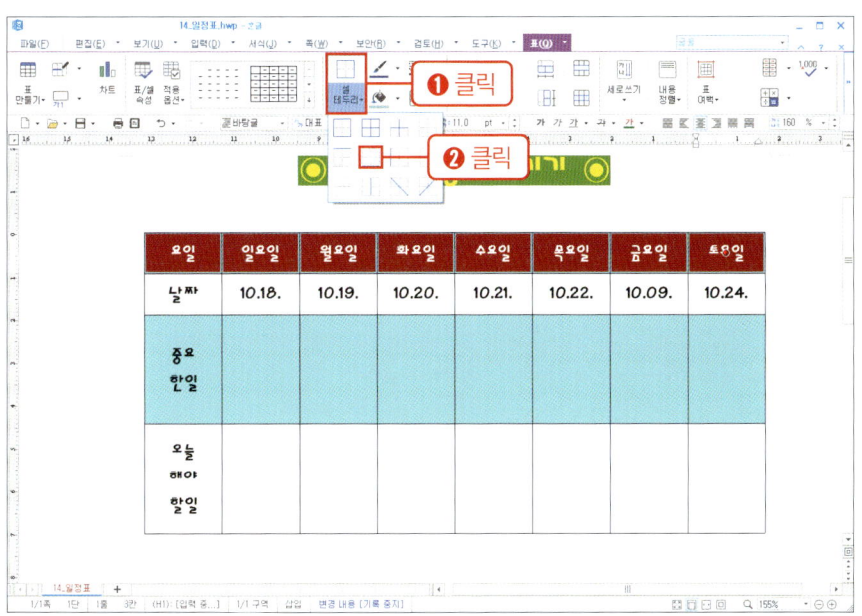

❹ 같은 방법으로 표 전체를 블록 지정한 후 [셀 테두리(□)]-[바깥쪽 모두]를 클릭합니다.

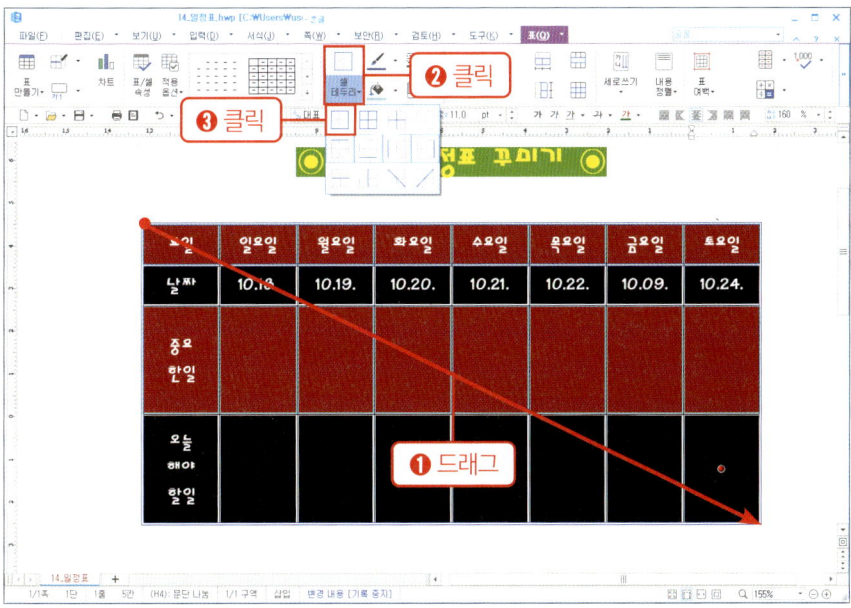

14  혼자 할 수 있어요!

• 예제 파일 : 14_과학생활.hwp
• 완성 파일 : 14_과학생활_완성.hwp

01 예제 파일을 불러와 셀 배경 색과 테두리 모양, 테두리 색 등을 이용하여 그림과 같은 문서를 완성해 보세요.

★ 슬기로운 과학 생활 ★

- 생명과학편 -

일상생활속 숨어있는
생명과학 즐기기~~!!

2020. 10. 19.(월) ~ 11. 1.(일)
www.슬기로운과학생활.kr

• 셀 배경 색 : 탁한 황갈 90% 밝게
• 셀 테두리 모양 : 선 없음

■ 행사내용

순	행사 제목	내용	비고
1	기초과학 콘테스트	다양한 콘텐츠 온라인 투표	
2	엉뚱한 과학 실험	아니 왜 이런 생각을? 조금은 엉뚱한 과학 실험	
3	영화속 과학이야기	우리가 모르고 지나쳤던 영화속 생명과학 이야기	
4	과학자와의 대화	생명과학의 트렌드를 묻고 대답하기	
5	기초과학 골든벨	기초과학 상식을 겨루는 퀴즈대회	경품

• 셀 배경 색 : 탁한 황갈 90% 밝게
• 셀 테두리 모양 : 이중 실선
• 셀 테두리 색 : 탁한 황갈 10% 어둡게
• 셀 테두리 굵기 : 0.7mm

■ 신청방법

컴퓨터	스마트폰
줌(ZOOM) 설치 - https://zoom.us 홈페이지 접속 - 홈페이지 하단의 회의클라이언트 클릭 - 회의용 ZOOM 클라이언트 다운로드 및 설치	줌(ZOOM) 설치 - 플레이스토어 또는 앱스토어에서 - 「ZOOM Cloud Meetings」검색 및 설치
- 신청 확정 대상자에게 문자 및 안내 메일 발송	

• 셀 테두리 모양 : 점선
• 셀 테두리 색 : 보라 60% 밝게
• 셀 테두리 굵기 : 0.3mm

• 셀 배경 색 : 보라 90% 밝게
• 셀 테두리 모양 : 이중 실선
• 셀 테두리 색 : 보라 60% 밝게
• 셀 테두리 굵기 : 0.7mm

15 셀 합치고 나누기

- 여러 개의 셀을 하나로 합쳐요.
- 셀을 여러 개의 줄과 칸으로 나눠요.

▶ 예제 파일 : 15_지원서.hwp
▶ 완성 파일 : 15_지원서_완성.hwp

미션 1 여러 개의 셀을 하나의 셀로 합쳐 보아요.

① '지원서.hwp' 파일을 불러오기 한 후 맨 오른쪽 셀을 드래그하여 블록 지정합니다.

② [표] 탭-[셀 합치기(▦)]를 클릭하여 블록 지정한 셀이 하나로 합쳐지는 것을 확인합니다.

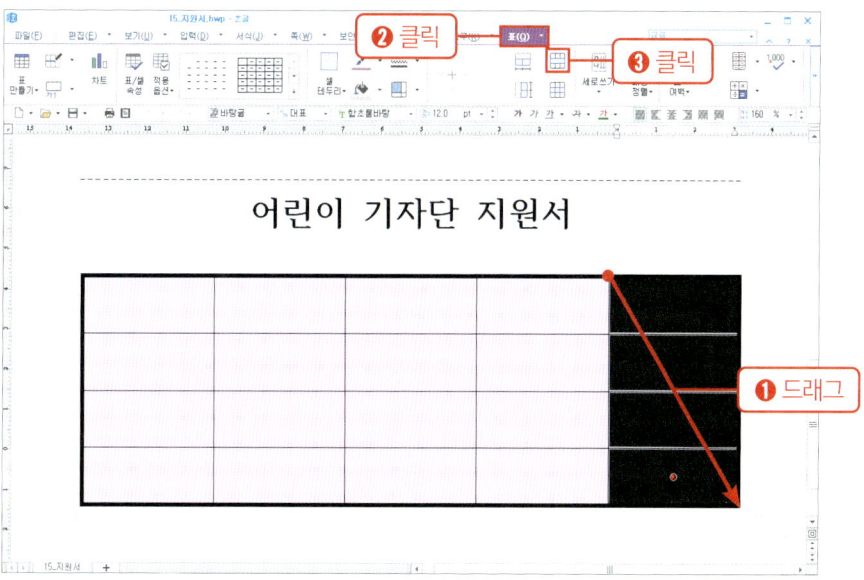

❸ 그림과 같이 여러 셀을 드래그하여 블록 지정한 후 M을 눌러 블록 지정한 셀이 하나로 합쳐지는 것을 확인합니다.

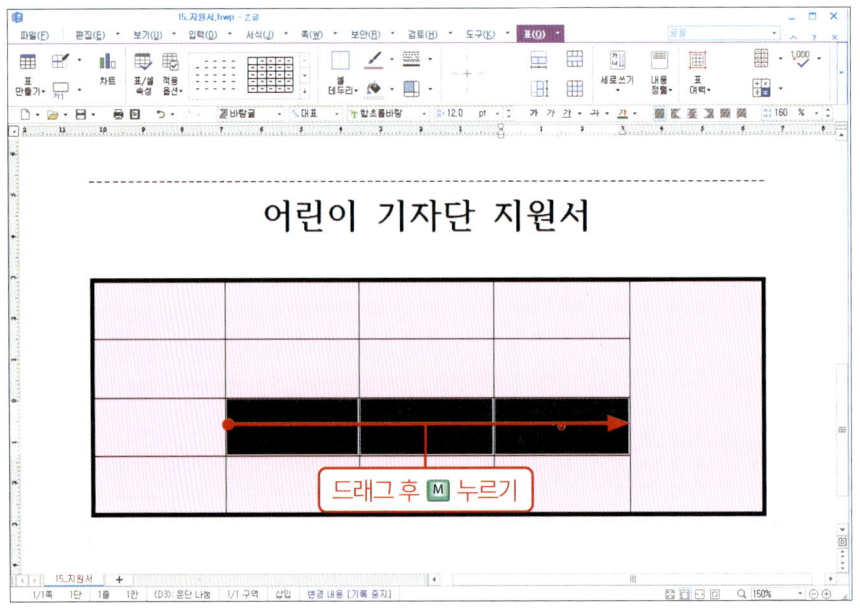

❹ 셀이 합쳐지면 그림과 같이 내용을 입력합니다.

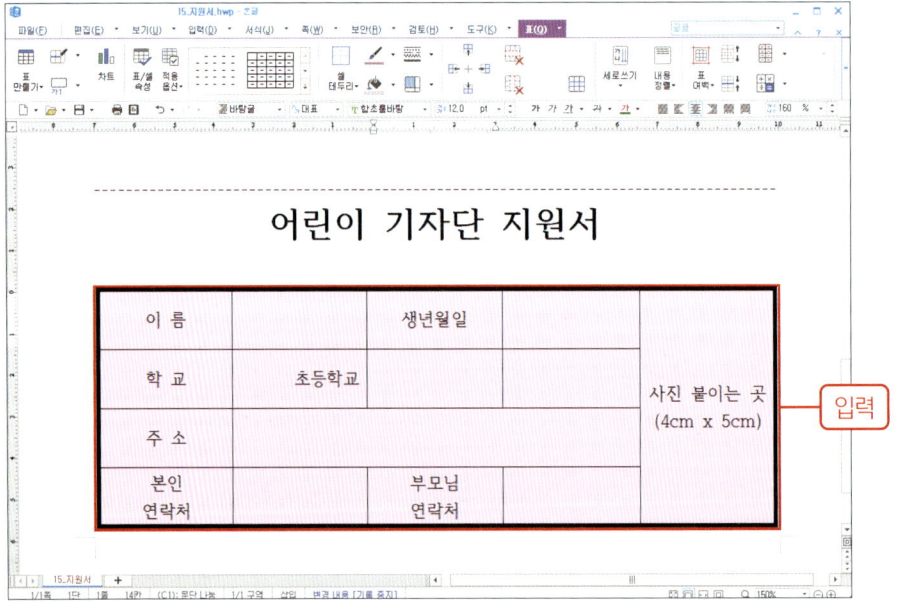

 **셀을 여러 개의 줄과 칸으로 나눠 보아요.**

① 그림과 같이 셀을 블록 지정한 후 [표] 탭-[셀 나누기(⊞)]를 클릭하여 [셀 나누기] 대화상자가 나타나면 '칸 수 : 2'로 지정하고 [나누기] 단추를 클릭합니다.

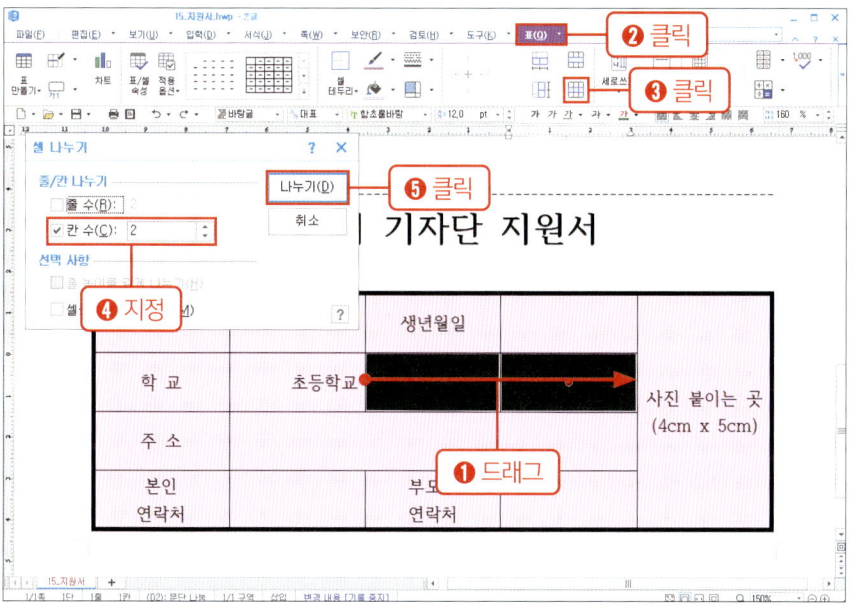

② '부모님 연락처' 오른쪽 셀을 선택하고 [표] 탭-[셀 나누기(⊞)]를 클릭하여 [셀 나누기] 대화상자가 나타나면 '줄 수 : 2'로 지정한 후 [나누기] 단추를 클릭합니다.

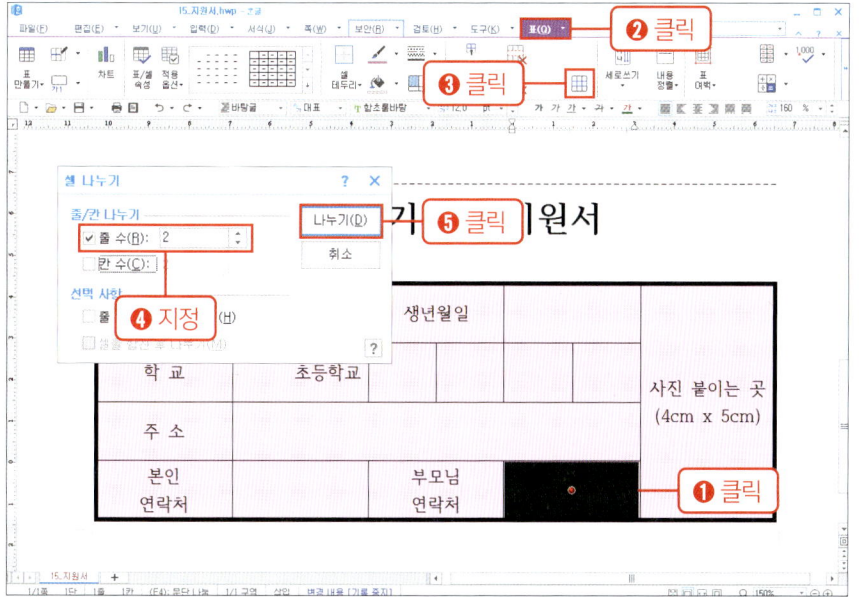

❸ '부모님 연락처' 오른쪽 셀 경계선에 마우스 포인터를 가져다 댄 후 마우스 포인터의 모양이 바뀌면 Shift 를 누른 상태로 왼쪽으로 드래그하여 크기를 조절합니다.

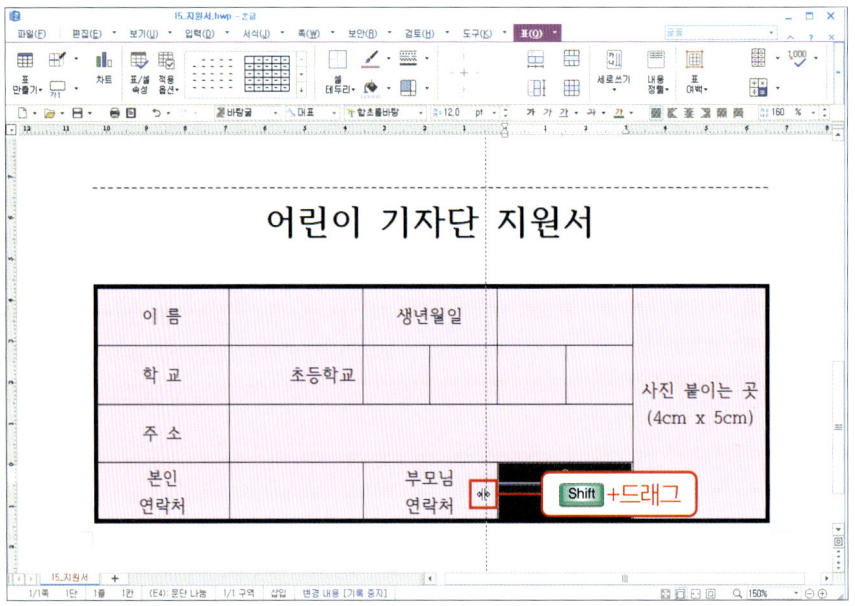

❹ 나머지 셀도 Shift 를 누른 채 드래그하여 그림과 같이 셀 크기를 지정한 후 내용을 입력합니다.

15  혼자 할 수 있어요!

• 예제 파일 : 15_그림일기.hwp
• 완성 파일 : 15_그림일기_완성.hwp

01 예제 파일을 불러와 셀 합치기와 셀 나누기를 이용하여 그림과 같은 문서를 완성해 보세요.

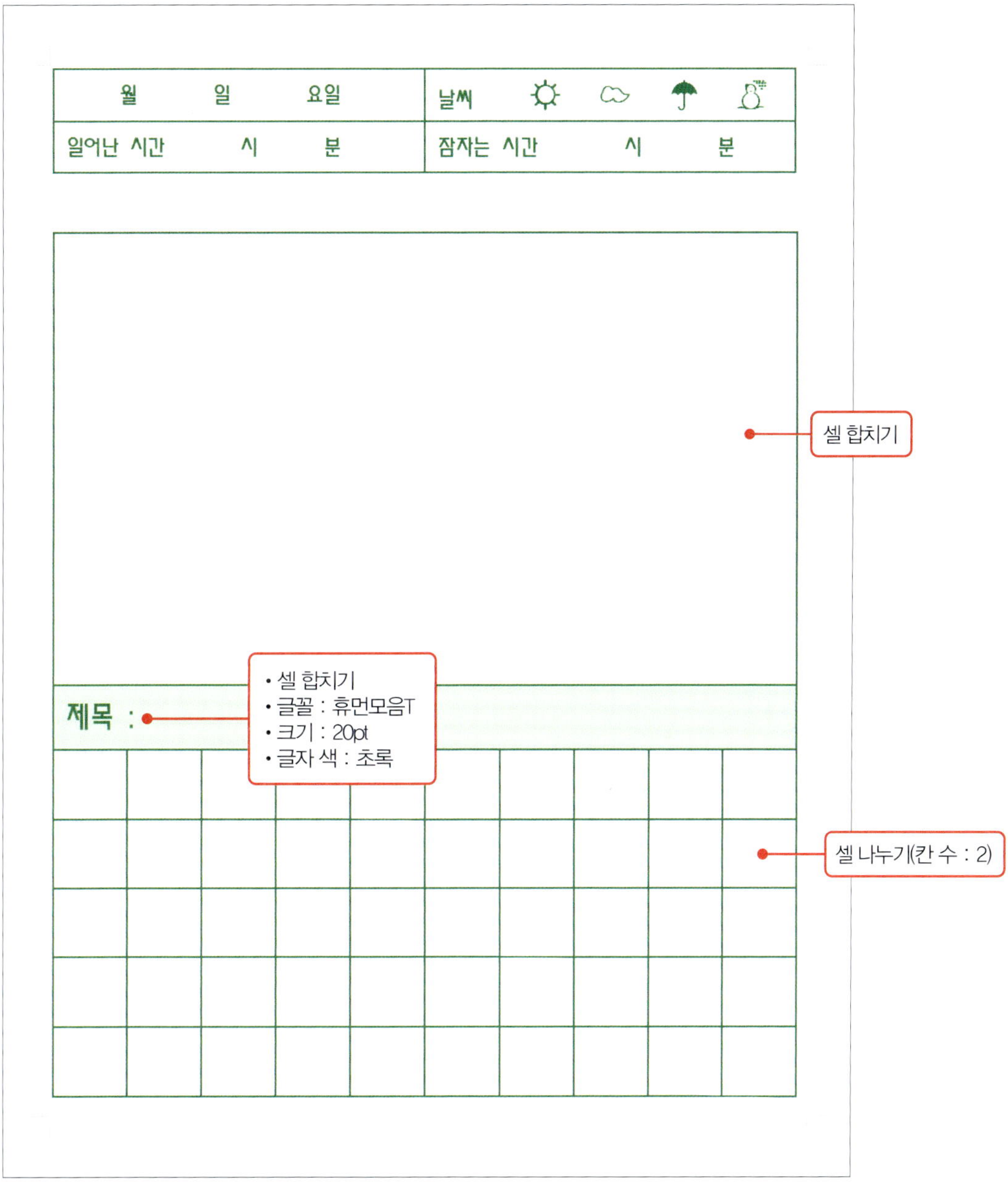

월	일	요일	날씨	☀	☁	☂	⛄
일어난 시간	시	분	잠자는 시간		시		분

→ 셀 합치기

제목 :
• 셀 합치기
• 글꼴 : 휴먼모음T
• 크기 : 20pt
• 글자 색 : 초록

→ 셀 나누기(칸 수 : 2)

16 쪽 번호 설정하고 머리말/꼬리말 달기

학습목표

- 쪽 번호를 없애요.
- 머리말/꼬리말을 넣어요.

▶ 예제 파일 : 16_세계음식.hwp
▶ 완성 파일 : 16_세계음식_완성.hwp

미션1 문서에 지정된 쪽 번호를 없애 보아요.

 '세계음식.hwp' 파일을 불러오기 한 후 [쪽] 탭-[쪽 번호 매기기(🔲)]를 클릭하여 [쪽 번호 매기기] 대화상자가 나타나면 [쪽 번호 없음]을 클릭한 후 [넣기] 단추를 클릭합니다.

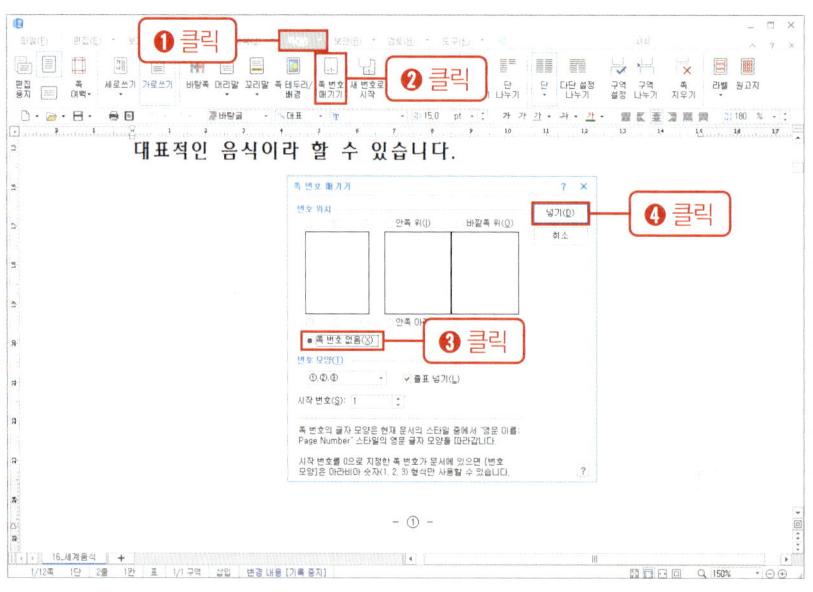

② [파일] 탭-[미리 보기]를 클릭하고 Page Up 과 Page Down 을 눌러 문서 아래쪽 쪽 번호가 없어진 것을 확인한 후 [닫기(↵)] 단추를 클릭하여 편집 화면으로 돌아옵니다.

 **머리말과 꼬리말을 지정해 보아요.**

① 첫 번째 쪽에서 [쪽] 탭-[꼬리말(📄)]을 클릭하여 그림과 같이 꼬리말 항목을 선택합니다.

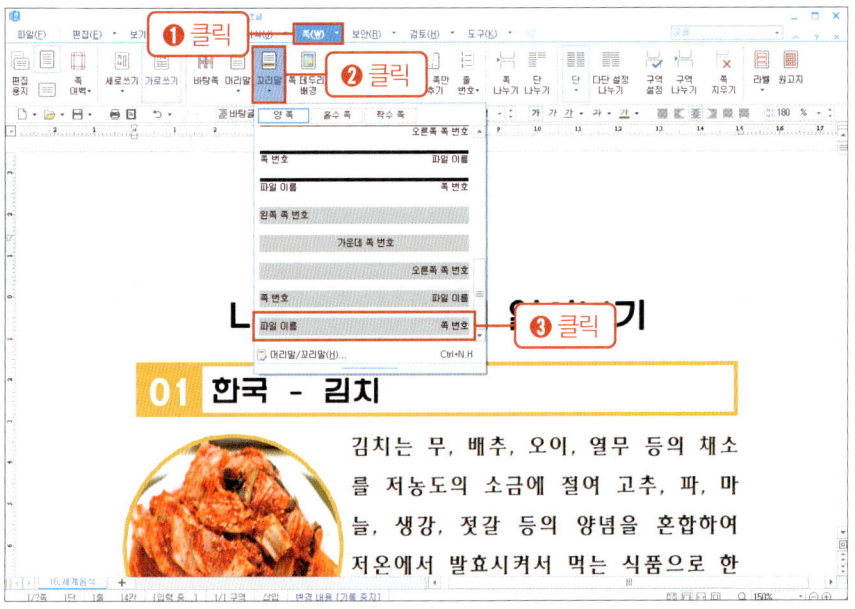

② [파일] 탭-[미리 보기]를 클릭하고 Page Up 과 Page Down 을 눌러 아래쪽 꼬리말이 삽입된 것을 확인한 후 [닫기(→▯)] 단추를 클릭하여 편집 화면으로 돌아옵니다.

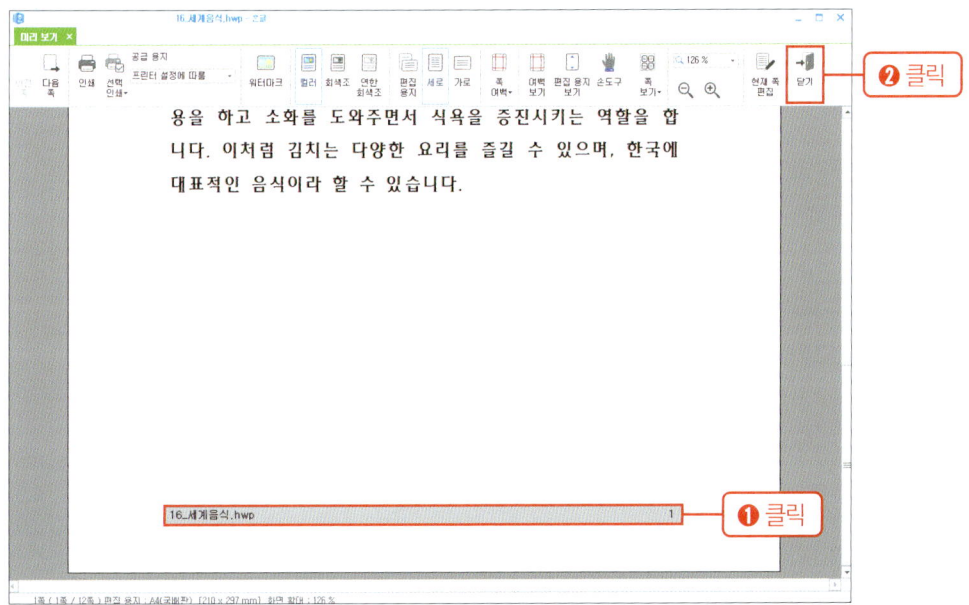

16 • 쪽 번호 설정하고 머리말/꼬리말 달기 83

❸ [쪽] 탭-[머리말(🔲)]-[머리말/꼬리말]을 클릭하여 [머리말/꼬리말] 대화상자가 나타나면 [종류]에서 '머리말'을 선택한 후 [만들기] 단추를 클릭합니다.

❹ 머리말을 입력할 수 있는 창이 활성화되면 그림과 같이 머리말 내용을 입력하고 글자 서식을 지정한 후 [머리말/꼬리말 닫기(🔲)] 단추를 클릭하여 편집 화면으로 돌아옵니다.

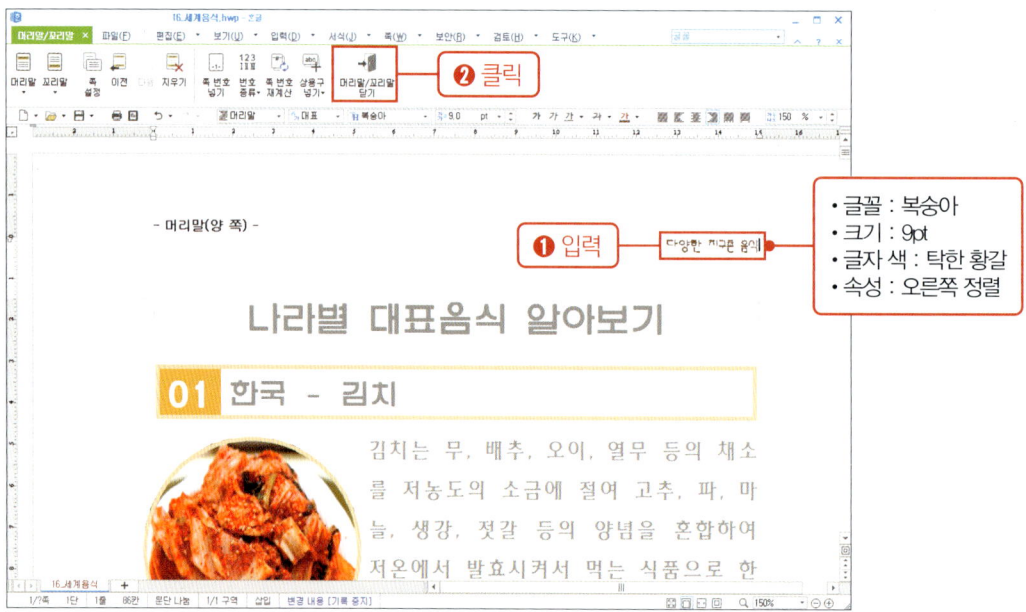

❺ [파일] 탭-[미리 보기]를 클릭하고 [쪽 보기(🔲)]-[맞쪽]을 클릭하여 머리말과 꼬리말을 확인한 후 [닫기(🔲)] 단추를 클릭하여 편집 화면으로 돌아옵니다.

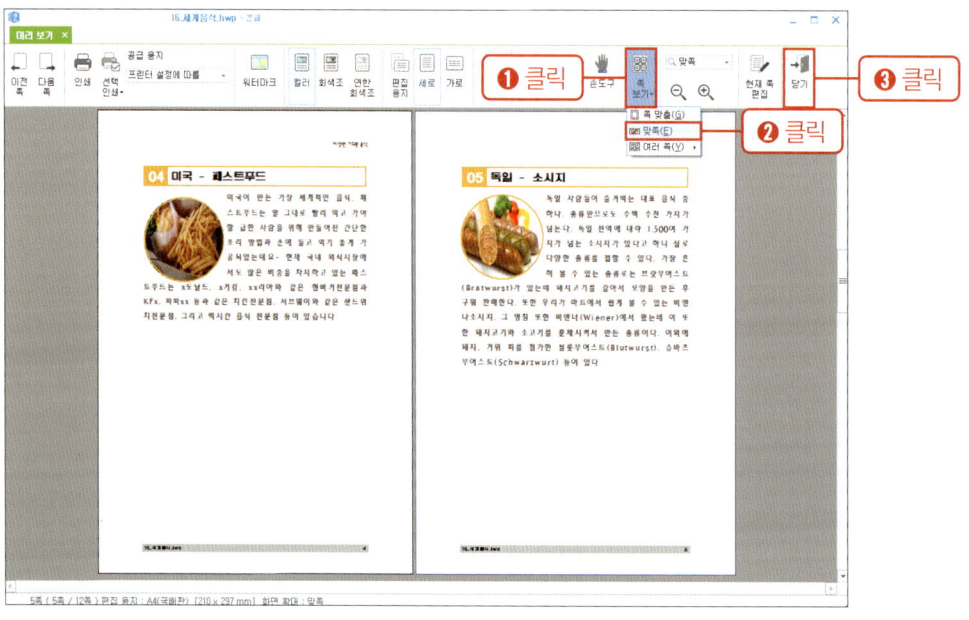

혼자 할 수 있어요!

• 예제 파일 : 16_나라별대표음식.hwp
• 완성 파일 : 16_나라별대표음식_완성.hwp

01 예제 파일을 불러와 쪽 번호를 없애고 쪽 번호와 파일 이름이 표시되도록 꼬리말을 삽입해 보세요.

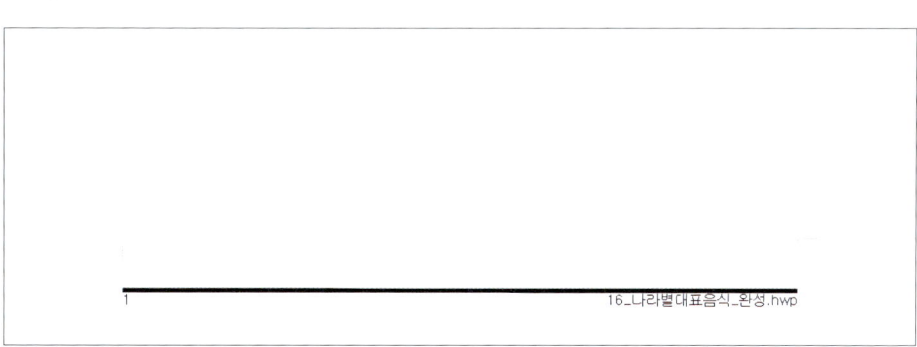

02 홀수 쪽에 '세계의 대표 음식 알아보기', 짝수 쪽에 '지구촌 음식 이야기' 머리말을 각각 삽입해 보세요.

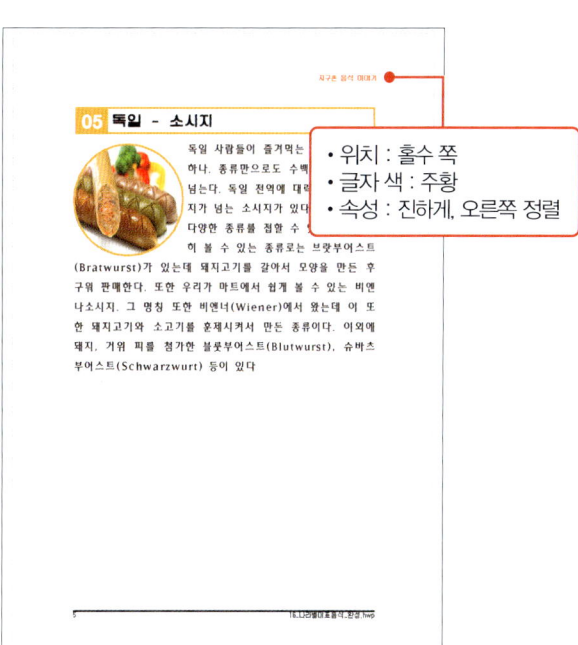

01  솜씨 어때요?

- 예제 파일 : 돈주머니.png
- 완성 파일 : 솜씨 어때요01_완성.hwp

01 새 문서를 실행한 후 쪽 테두리 배경과 그림 삽입, 도형을 이용하여 그림과 같은 문서를 완성해 보세요.

저축과 환경 살리기를 한 번에!

우리가 무심코 사용하는 은행의 통장에 연간 나무 6만 8천 그루가 들어간다고 합니다.

그린은행은 환경보호 실천을 위해 종이통장이 아닌 스마트폰 전용 통장인 '그린통장'을 만들었습니다.

그린은행 창구에서 누구나 쉽고 간단하게 '그린통장'을 개설할 수 있으니 많은 분들의 참여를 바랍니다.

초등학생이 통장을 개설할 경우 귀여운 캐릭터 저금통도 받을 수 있다고 합니다.

- 글꼴 : HY목각파임B
- 크기 : 24pt
- 글자 색 : 초록
- 그림자 : x방향(5%), y방향(5%)
- 속성 : 진하게, 가운데 정렬

- 글꼴 : 함초롬바탕
- 크기 : 16pt
- 글자 색 : 검정, 빨강
- 속성 : 밑줄

- 테두리 종류 : 실선
- 테두리 굵기 : 0.4mm
- 테두리 색 : 탁한 황갈 20% 밝게

솜씨 어때요?

• 완성 파일 : 솜씨 어때요02_완성.hwp

01 새 문서를 실행한 후 문단 첫 글자 장식과 글상자, 도형을 이용하여 그림과 같은 문서를 완성해 보세요.

문단 첫 글자 장식
- 글꼴 : 복숭아(70pt, 초록)
- 모양 : 3줄(3)
- 선 종류 : 점선
- 선 굵기 : 0.5mm
- 선 색 : 보라

안 쓰는 휴대폰 모아 이웃사랑 실천

- 글꼴 : HY수평선M
- 크기 : 20pt
- 속성 : 진하게, 가운데 정렬
- 채우기 색 : 탁한 황갈 60 밝게
- 선 굵기 : 0.5mm

안 쓰는 휴대폰에는 일부 유해물질이 함유되어 있어 불법으로 수출(輸出)되거나 부적절하게 처리될 경우 '환경오염'과 '자원손실'을 가져올 수 있습니다.

그러나!!
올바르게 수거(收去)하여 재활용될 경우 '환경보전'과 '자원재활용'의 1석 2조 효과를 누릴 수 있습니다.

- 글꼴 : 함초롬바탕
- 크기 : 14pt
- 글자 색 : 검정, 빨강
- 속성 : 밑줄

안 쓰는 휴대폰 전량수거

안 쓰는 휴대폰 안전파쇄

활용 가능 물질 재활용

소외계층에 수익금 지원

Hint 도형 및 도형 서식은 임의로 예쁘게 지정해 보세요.

03   솜씨 어때요?

• 완성 파일 : 솜씨 어때요03_완성.hwp

01 새 문서를 실행한 후 글상자를 이용하여 그림과 같은 문서를 완성해 보세요.

- 글꼴 : 한컴 윤체 B
- 크기 : 40pt
- 글자 색 : 탁한 황갈
- 속성 : 그림자, 가운데 정렬

있다?없다? 퀴즈

- 사각형 모서리 곡률 : 둥근 모양
- 선 종류 : 선 없음
- 채우기 색 : 탁한 황갈 90% 밝게

힌트 1. 게는 있지만 고양이는 없다.
힌트 2. 꿀은 있지만 나비는 없다.
힌트 3. 고물은 있지만 새 것은 없다.
힌트 4. 집은 있지만 호텔은 없다.

- 글꼴 : 한컴 윤체 B
- 크기 : 24pt
- 글자 색 : 임의의 색
- 속성 : 그림자

- 선 종류 : 선 없음
- 채우기 색 : 검은 군청 90% 밝게

정답 : 떡

- 글꼴 : 한컴 윤체 B
- 크기 : 40pt
- 글자 색 : 초록
- 속성 : 밑줄

- 그리기마당 : 전통(음식) – 송편

04 솜씨 어때요?

• 완성 파일 : 솜씨 어때요04_완성.hwp

01 새 문서를 실행한 후 글맵시와 그리기마당을 이용하여 그림과 같은 문서를 완성해 보세요.

글맵시
- 글꼴 : 한컴 백제 M
- 글맵시 모양 : 팽창(◉)
- 그러데이션 : 유형(수평, 줄무늬), 시작 색(보라 40% 밝게), 끝 색 (보라 80% 밝게)

05 솜씨 어때요?

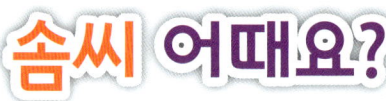

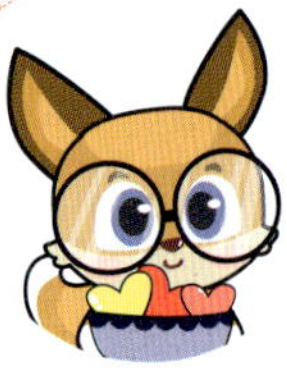

• 예제 파일 : 배경.png
• 완성 파일 : 솜씨 어때요05_완성.hwp

01 새 문서를 실행한 후 글맵시와 표를 이용하여 그림과 같은 문서를 완성해 보세요.

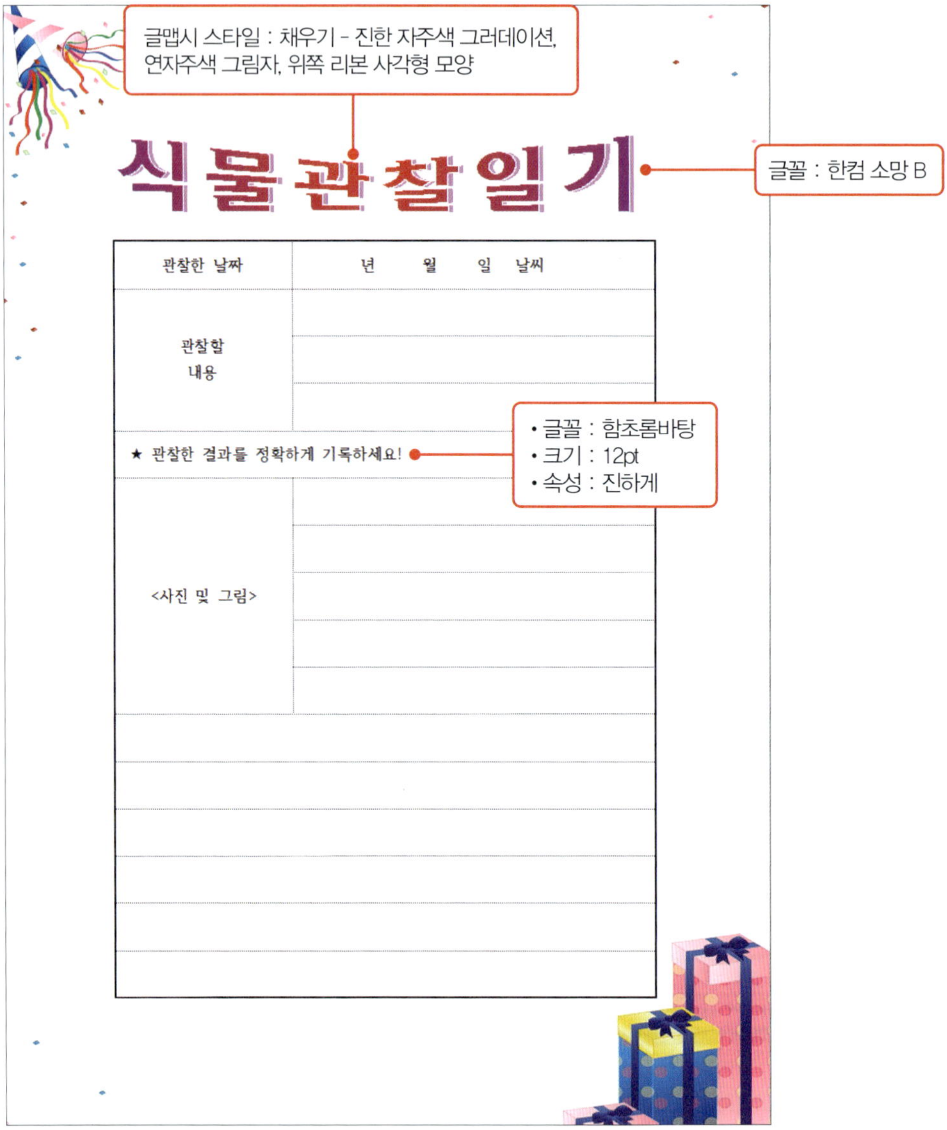

글맵시 스타일 : 채우기 - 진한 자주색 그러데이션, 연자주색 그림자, 위쪽 리본 사각형 모양
글꼴 : 한컴 소망 B
• 글꼴 : 함초롬바탕
• 크기 : 12pt
• 속성 : 진하게

식물관찰일기

관찰한 날짜	년 월 일 날씨
관찰할 내용	
★ 관찰한 결과를 정확하게 기록하세요!	
<사진 및 그림>	

06 솜씨 어때요?

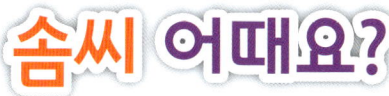

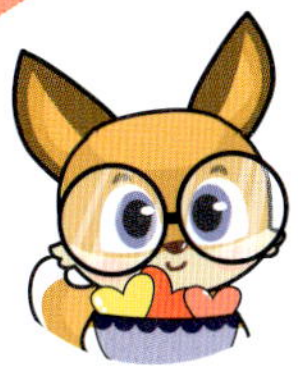

- 예제 파일 : 솜씨 어때요06.hwp
- 완성 파일 : 솜씨 어때요06_완성.hwp

01 예제 파일을 불러와 문자표와 글자 겹치기를 이용하여 그림과 같은 문서를 완성해 보세요.

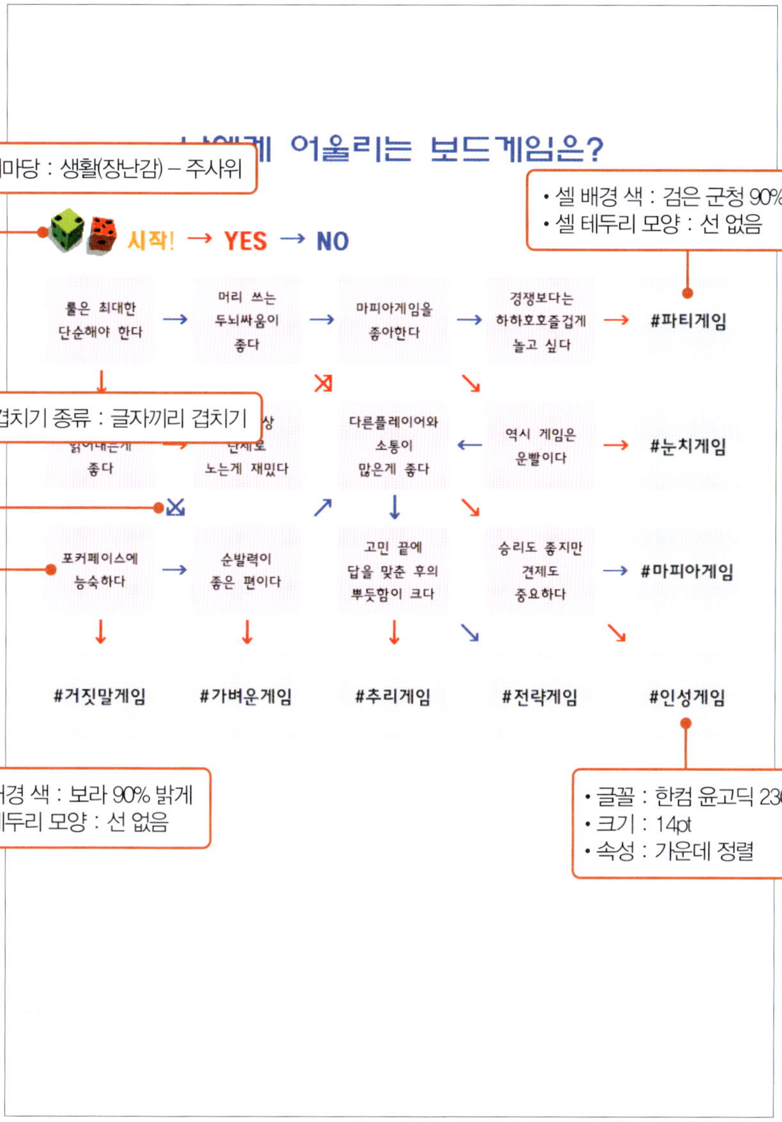

…에게 어울리는 보드게임은?

시작! → YES → NO

룰은 최대한 단순해야 한다	→	머리 쓰는 두뇌싸움이 좋다	→	마피아게임을 좋아한다	→	경쟁보다는 하하호호즐겁게 놀고 싶다	→	#파티게임
↓				↘		↘		
… 읽어내는게 좋다	→	…상 단체로 노는게 재밌다		다른플레이어와 소통이 많은게 좋다	←	역시 게임은 운빨이다	→	#눈치게임
			↗	↓		↘		
포커페이스에 능숙하다	→	순발력이 좋은 편이다		고민 끝에 답을 맞춘 후의 뿌듯함이 크다		승리도 좋지만 견제도 중요하다	→	#마피아게임
↓		↓		↓	↘		↘	
#거짓말게임		#가벼운게임		#추리게임		#전략게임		#인성게임

그리기마당 : 생활(장난감) – 주사위

- 셀 배경 색 : 검은 군청 90% 밝게
- 셀 테두리 모양 : 선 없음

글자 겹치기 종류 : 글자끼리 겹치기

- 셀 배경 색 : 보라 90% 밝게
- 셀 테두리 모양 : 선 없음

- 글꼴 : 한컴 윤고딕 230
- 크기 : 14pt
- 속성 : 가운데 정렬

07 솜씨 어때요?

• 예제 파일 : 솜씨 어때요07.hwp
• 완성 파일 : 솜씨 어때요07_완성.hwp

01 예제 파일을 불러와 글자 모양과 문단 모양, 그리기마당을 이용하여 그림과 같은 문서를 완성해 보세요.

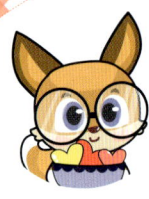

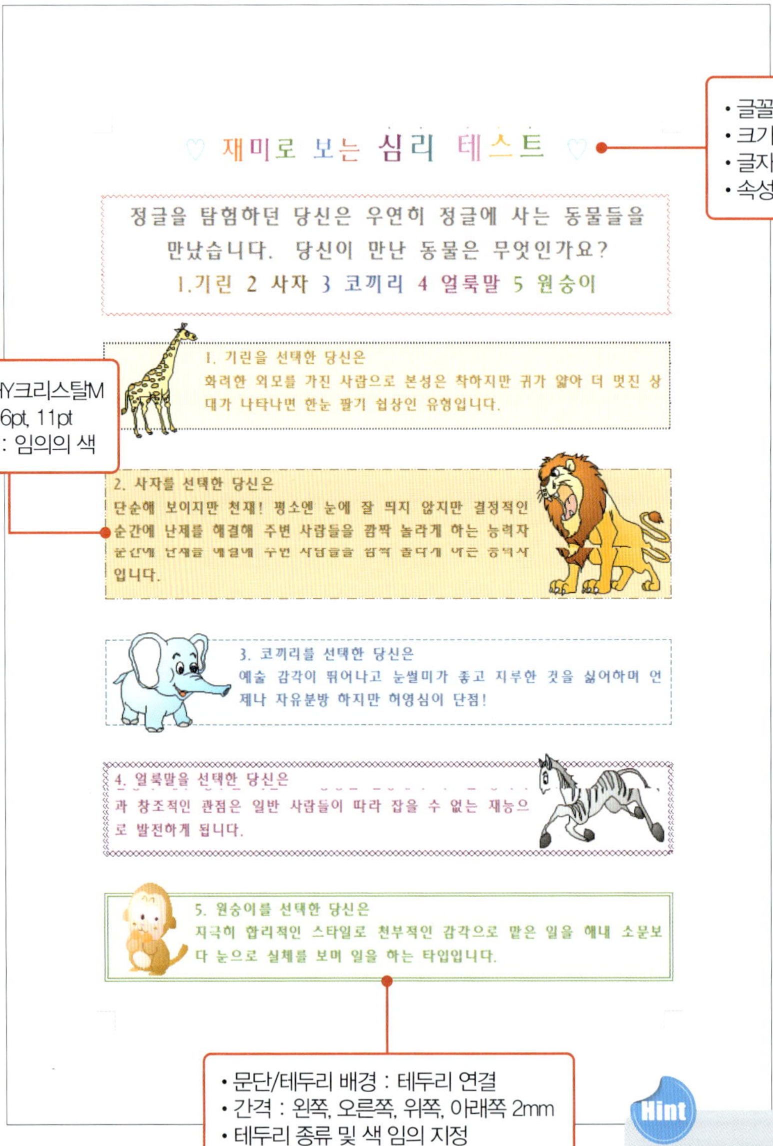

♡ 재미로 보는 심리 테스트 ♡

정글을 탐험하던 당신은 우연히 정글에 사는 동물들을 만났습니다. 당신이 만난 동물은 무엇인가요?
1.기린 2 사자 3 코끼리 4 얼룩말 5 원숭이

1. 기린을 선택한 당신은
화려한 외모를 가진 사람으로 본성은 착하지만 귀가 얇아 더 멋진 상대가 나타나면 한눈 팔기 쉽상인 유형입니다.

2. 사자를 선택한 당신은
단순해 보이지만 천재! 평소엔 눈에 잘 띄지 않지만 결정적인 순간에 난제를 해결해 주변 사람들을 깜짝 놀라게 하는 능력자입니다.

3. 코끼리를 선택한 당신은
예술 감각이 뛰어나고 눈썰미가 좋고 지루한 것을 싫어하며 언제나 자유분방 하지만 허영심이 단점!

4. 얼룩말을 선택한 당신은
과 창조적인 관점은 일반 사람들이 따라 잡을 수 없는 재능으로 발전하게 됩니다.

5. 원숭이를 선택한 당신은
지극히 합리적인 스타일로 천부적인 감각으로 맡은 일을 해내 소문보다 눈으로 실체를 보며 일을 하는 타입입니다.

• 글꼴 : HY크리스탈M
• 크기 : 24pt, 20pt
• 글자 색 : 임의의 색
• 속성 : 강조점

• 글꼴 : HY크리스탈M
• 크기 : 16pt, 11pt
• 글자 색 : 임의의 색

• 문단/테두리 배경 : 테두리 연결
• 간격 : 왼쪽, 오른쪽, 위쪽, 아래쪽 2mm
• 테두리 종류 및 색 임의 지정

Hint

[그리기마당]-[캐릭터(동물)]에서 여러 동물 캐릭터를 삽입해 보세요.

우리 아이 속도로 가는
상위권 도달 솔루션

초등이면 초코하는거야~
초등학습, 진실의 앱으로

위하~ 얼른 엄마한테 얘기하고 초코해~

오늘 학습, 놓친 학습으로
전 과목 핵심 학습

 +

영역별/수준별
과목 전문 학습

㈜미래엔이 만든 초등 전과목 온라인 학습 플랫폼 <초코>

무약정
기간 약정, 기기 약정 없이
학습 기간을 내 마음대로

모든 기기 학습 가능
내가 가지고 있는
스마트 기기로 언제 어디서나

부담 없는 교육비
교육비 부담 줄이고
초등 전 과목 학습 가능

미래엔 에듀파트너 고객 대상 특별 혜택
회원 가입 시 코드를 입력하시면 **1,000포인트**를 드립니다.

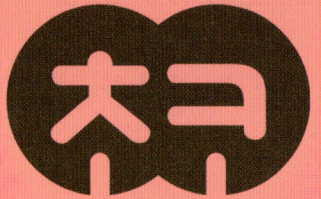